Andreas Schulze-Kopp

Enterprise 2.0

AF551590

Andreas Schulze-Kopp

Enterprise 2.0

Social Software auf dem Vormarsch - Gekommen, um zu bleiben

Bloggingbooks

Impressum / Imprint
Bibliografische Information der Deutschen Nationalbibliothek: Die Deutsche Nationalbibliothek verzeichnet diese Publikation in der Deutschen Nationalbibliografie; detaillierte bibliografische Daten sind im Internet über http://dnb.d-nb.de abrufbar.
Alle in diesem Buch genannten Marken und Produktnamen unterliegen warenzeichen-, marken- oder patentrechtlichem Schutz bzw. sind Warenzeichen oder eingetragene Warenzeichen der jeweiligen Inhaber. Die Wiedergabe von Marken, Produktnamen, Gebrauchsnamen, Handelsnamen, Warenbezeichnungen u.s.w. in diesem Werk berechtigt auch ohne besondere Kennzeichnung nicht zu der Annahme, dass solche Namen im Sinne der Warenzeichen- und Markenschutzgesetzgebung als frei zu betrachten wären und daher von jedermann benutzt werden dürften.

Bibliographic information published by the Deutsche Nationalbibliothek: The Deutsche Nationalbibliothek lists this publication in the Deutsche Nationalbibliografie; detailed bibliographic data are available in the Internet at http://dnb.d-nb.de.
Any brand names and product names mentioned in this book are subject to trademark, brand or patent protection and are trademarks or registered trademarks of their respective holders. The use of brand names, product names, common names, trade names, product descriptions etc. even without a particular marking in this works is in no way to be construed to mean that such names may be regarded as unrestricted in respect of trademark and brand protection legislation and could thus be used by anyone.

Coverbild / Cover image: www.ingimage.com

Verlag / Publisher:
Bloggingbooks
ist ein Imprint der / is a trademark of
AV Akademikerverlag GmbH & Co. KG
Heinrich-Böcking-Str. 6-8, 66121 Saarbrücken, Deutschland / Germany
Email: info@bloggingbooks.de

Herstellung: siehe letzte Seite /
Printed at: see last page
ISBN: 978-3-8417-7117-9

Copyright © 2013 AV Akademikerverlag GmbH & Co. KG
Alle Rechte vorbehalten. / All rights reserved. Saarbrücken 2013

Vorwort

Der durch Andrew P. McAfee geprägte und zurückzuführende Begriff „Enterprise 2.0 hat seit seinem Bestehen dramatisch an Komplexität gewonnen. Begriffe wie Social Business, Social Communication und Social Media tragen hier ihren Teil dazu bei. Seine Definition bei Wikipedia lautet:

“Enterprise 2.0 bezeichnet im engeren Sinn den Einsatz von sozialer Software zur Projektkoordination, zum Wissensmanagement und zur Innen- und Außenkommunikation in Unternehmen. Diese Werkzeuge fördern den freien Wissensaustausch unter den Mitarbeitern; sie erfordern ihn aber auch, um sinnvoll zu funktionieren. Im weiteren Sinn umfasst der Begriff nicht nur die Werkzeuge selbst, sondern auch die Tendenz der Unternehmenskultur weg von der hierarchischen, zentralen Steuerung und hin zur autonomen Selbststeuerung von Teams, die von Managern eher moderiert als geführt werden.”

Orientiert man sich an dieser Definition, erklärt dies zum einen die Verständnisprobleme vieler Unternehmen und zum anderen die Probleme bei der Umsetzung vieler Projekte. Vielerorts wird noch immer davon ausgegangen, dass es sich hierbei um ein reines IT-Projekt handelt. Die IT ist aber nur ein Aspekt, wenn es um die Einführung von internen sozialen Netzwerken geht. Für ein Tool hat man sich schneller entschieden, als das man seine Mitarbeiter von seiner Nutzung überzeugt hat. Eine erfolgreiche Implementierung eines Tools wird erst durch die erfolgreiche Adaption der User zum Erfolg.

Es müssen schnell Mehrwerte vermittelt, Vorteile aufgezeigt und bestehende Anwendungen sukzessive durch die Social Tools abgelöst werden. Bestehende Prozesse, Strukturen und Hierarchien müssen in die moderne Welt der Zusammenarbeit überführt werden. Eine interne Revolution des Unternehmens, in Form eines Kulturwandels, was die Art und Weise der Zusammenarbeit angeht, ist oftmals die Folge solcher Initiativen. All das bedeutet nicht, dass bestehende Strategien und Prozesse vieler Unternehmen über Bord geworfen werden müssen. Sie müssen an die neuen “social” Begebenheiten angepasst und (vor)gelebt werden. Man darf nicht den Fehler begehen, bestehende Prozesse durch Social Tools lediglich aufwerten zu wollen anstatt sie grundsätzlich zu hinterfragen und anzupassen. Andernfalls sind Enterprise 2.0-Projekte von Beginn an zum scheitern verurteilt.

Doch oft hindert die Angst, Macht zu verlieren, Unternehmen an der erfolgreichen und einer nachdrücklichen Einführung neuer Social Tools. Die grundsätzliche Idee von Social Enterprise muss in Unternehmen verstanden, umgesetzt und gelebt werden. Und das beginnend bei der Unternehmensführung!

Ein Social Enterprise ist durch eine offene und in alle Richtungen transparente Kommunikation geprägt. Hierarchien werden abgebaut und interne Silos verschwinden. Das Wissen aller Mitarbeiter wird zum Erfolg des Unternehmens genutzt. Alle Mitarbeiter tragen durch ihr spezifisches Wissen dazu bei. Das Teilen von Wissen muss als persönlicher und als unternehmerischer Vorteil verstanden werden. Mitarbeiter benötigen zudem die Erlaubnis und die Mittel, sich aktiv an den Social Aktivitäten des Unternehmens beteiligen zu können.

Was auf einen weiteren wichtigen Punkt auf dem Weg zum Erfolg hindeutet. Change braucht Zeit! Social Enterprise Projekte erfordern Geduld und sollten nicht innerhalb kürzester Zeit mit Aussicht auf Erfolg betrieben werden, oder wie es Bertrand Duperrin (Quelle: http://www.duperrin.com/) formulierte:
“Das Unternehmen muss zum Social Business bzw. Enterprise 2.0 eine Transformation durchmachen. Diese ist nicht mit der Adaption von Technologie abgeschlossen. Sämtliche Bereiche, Prozesse und Strukturen des Unternehmens müssen sich für die erfolgreiche Umsetzung wandeln. Sie müssen tatsächlich zu einem Social Business werden.”

Wozu eigentlich interne Social Networks? Ganz einfach!

Anzahl der Social Software Anbieter nimmt zu

Verbesserte, transparente und nachhaltige interne Kommunikation. Dies ist eines der Ziele die man mit derEinführung von internen sozialen Netzwerken verfolgt. Mehrfach habe ich im Blog über die diversen Social Software Lösungen und den Anbieter von Social Networking Software berichtet. Die Anzahl von Anbietern solcher Social Software Lösungen nimmt derzeit rasant zu. Platzhirsche der Branche wie IBM oder Jive spüren nun immer deutlicher die "jungen" Verfolger im Nacken. Mashable liefert nun eine Aufstellung mit 10 Social Software Lösungen, durch welche die interne Kommunikation verbessert werden soll.

Das Motto des CeBIT 2013 lautete nicht umsonst Shareconomy. Es greift das Phänomen des Teilens für den geschäftlichen Sektor auf und macht dies auch für Unternehmen begreifbar. Kosten- und Wettbewerbsvorteile für die Unternehmen sind die aus Corporate Social Networking resultierenden Folgen. Doch was teilen die Menschen gerne und was nicht? Gibt es einen Unterschied ob ich Geld, Materielles und geistiges Gut mit anderen teile? Ja, diese Unterschiede gibt es. Aktuell greift die Computerwoche dies in ihrem Beitrag Teilen schafft Mehrwert auf und hat dabei interessante Erkenntnisse zu Tage geführt.

Erfahrungen und Ideen sind demnach die Dinge, die Menschen gerne und ohne Bedenken mit anderen teilen. Besonders das Teilen von Erfahrungen, dürfte vielen von Reiseportalen und Bewertungsseiten im Internet bekannt sein. Das Erfreuliche ist, dass das Teilen von Wissen nur knapp hinter diesen beiden Aspekten landet. Demnach ist es für viele Menschen kein Problem ihr Wissen zu teilen.

In den nächsten Tagen und Wochen werde ich die Tools ein weniger näher beleuchten.
Heute zu Beginn möchte ich mit einem Video zu tibbr beginnen. Eine detaillierte Vorstellung folgt in Kürze.
Hier geht es zum Video "Introduction to tibbr".

Social-Software-Plattformen im Fokus

Enterprise 2.0 und Social Business sind Begriffe, welche im Alltag vieler Unternehmen und CEOs immer mehr ankommen. Bei Unternehmen jeglicher Größenordnung sind dies die Aspekte, die rasant an Bedeutung zunehmen. Unternehmen müssen sich vom Sender zum Gesprächspartner seiner Kunden entwickeln. Hauptargumente für dieses wachsende Interesse und Engagement der Unternehmen sind intern ein nachhaltiges Wissensmanagement, eine schnellere Kommunikation und bessere Zusammenarbeit. Aber auch wenn Enterprise 2.0-Projekte nicht primär ein IT-Thema sind, steht natürlich auch die Wahl eines Tools auf dem Plan. So ist es nicht verwunderlich, dass auch die Anzahl der Anbieter von Social-Software-Plattformen in den letzten Monaten deutlich zugenommen hat.

Was liegt da also näher sich an einer Studie zu orientieren, welche die diversen Plattformen näher beleuchtet. Die aktuelle Studie "Enterprise 2.0 Watch" der Kommunikationsagentur Kuhn, Kammann und Kuhn GmbH und der scm, die im Zeitraum von August 2012 bis Januar 2013 durchgeführt wurde, stellt genau diese Fragen in den Fokus. Welche Einstellungen und Meinungen zu den Tools dominieren bei den Nutzern und Medien? Welche Plattformen werden in der Öffentlichkeit besonders häufig thematisiert?

Wie ich finde liefert die Studie nicht nur für Neulinge im Thema Interessante Aspekte zum Thema Enterprise 2.0 und Social Collaboration. Die Studie liefert auch für etablierte 'Enterprise 2.0-Menschen' einen guten Überblick und sorgt erneut für ein Nach- und Überdenken seiner eigenen Einstellung.

Hier finden Sie den Link zur Studie “Enterprise 2.0 Watch” auf Slideshare.com.

IBM CMO CIO Leadership Exchange in New York - Die neue Rolle des Chief Marketing Officers (CMO)

Smartes Marketing mit Hilfe von Social Media

Moderne Technologien entwickeln sich immer schneller und dynamischer. Sie sind nicht mehr mit den Entwicklungszyklen vergangener Jahre vergleichbar und erweitern als Bestandteil der Unternehmensstruktur auch die Art und Weise wie Marketing heutzutage verstanden werden sollte. Für Unternehmen jeder Größenordnung entstehen somit Chancen, aber auch Risiken welche es abzuwägen gilt, die Unternehmen deutlich "nach vorne" bringen können. Gerade in Schwellenländern werden durch die oftmals nicht optimale Infrastruktur, dort ansässige CMOs, CEOs und CIOs dazu gedrängt, einen extrem starken Fokus auf neue Wege der Zusammenarbeit und auf die Transformation der bestehenden Organisationen zu legen um die gesetzten Wachstumszeile zu erreichen.

Durch eine immer mehr instrumentierte, vernetzte und intelligente Infrastruktur bieten sich Unternehmen noch nie da gewesene Möglichkeiten. Technologie kann heute nicht nur alleine dazu genutzt werden, seine Produkte und Dienstleistungen publik zu machen. Man kann mit der heutigen Technologie seine Bindung zu Kunden, Mitarbeitern oder Mitbürgern besser analysieren, sie vertiefen und gezielt verwenden. Anders als noch vor einigen Jahren geht die Entwicklung auch im Marketing in Richtung Dialog. Für einen Chief Marketing Officer (CMO) und einen Chief Information Officers (CIOs) bedeutet dieser Umstand, dass bei anstehenden Planungen einige neue oder in der Vergangenheit weniger berücksichtigte Aspekte gründlich bedacht werden müssen.

In diesem Blogpost möchte ich einige (für mich persönlich am wichtigsten) Videos vorstellen und kurz erläutern, warum diese für mich so fundamental sind.

Vom Sender zum Gesprächspartner

Für mich DER Grund, warum Unternehmen im Social Web unterwegs sein sollten. Wie bereits erwähnt, ist die Zeit der 1-Weg-Kommunikation beendet. Der Kunde möchte Dialog und Unternehmen müssen sich darauf einstellen. Aktuell ist der Bereich des Kundenservices einer der treibenden Kanäle was die Nutzung von Social Media in der Kommunikation angeht.

Marilyn Mersereau, CMO und Senior Manager IT bei Plantronics geht in ihrem Video auf die Notwendigkeit Sozialer Netzwerke ein und diese nicht als reines 'Sendermedium' zu missbrauchen. Man müsse diese Kanäle als Chance verstehen, sich mit den Kunden auszutauschen, ihnen zuzuhören und sie zu verstehen. Social Media darf nicht als zusätzlicher Marketing-Kanal verstanden werden, welcher als positiven Nebeneffekt auch noch die Kosten für Werbung reduziert.

Sie wissen, was mir gefällt

Unternehmen kennen ihre Kunden um einiges besser als in der Vergangenheit. Wie man seine Kunden trotz all dieser Umstände als Individuum behandelt und wie die Datenanalyse die Rolle des Marketings, somit die des CMOs, maßgeblich beeinflusst wurde in New York mit einer Gruppe von CMOs, CIOs, und IBM Experten ebenfalls in diesem Video diskutiert.

Ein Umstand den heutzutage vielleicht viele eben durch Zielgruppen genaues Marketing kennen. "Woher wissen die jetzt was mir gefällt?" kommt einem in solchen fällen immer als erstes in den Sinn. Oftmals vergisst man, was für ausgeklügelte Systeme im Hintergrund werkeln. Jeder regt sich hin und wieder mal über Werbung auf den sozialen Kanälen wie Facebook auf, obwohl diese in den meisten Fällen sehr passgenau auf unsere Bedürfnisse und Vorlieben als Kunden zutrifft. Viele Unternehmen lassen wiederum viel Geld in Google AdWords Kampagnen fliessen, um möglichst treffsicher für die eigene Zielgruppe auf der Ergebnisseite bei Google möglichst weit oben zu stehen. Unternehmen wie die Deutsche Bank, die Telekom und O2 bauen ihrem Service in den neuen Medien extrem aus und schaffen dafür extra Teams, die nur diese Social Media Kanäle betreuen. Denn genau dieser Dialog und das Kennenlernen ist eine klassische Win-Win Situation. Der Kunde fühlt sich ernstgenommen und das Unternehmen kann seine Produkte oder seine Services verbessern.

Kunden werden zu Fürsprechern

Wer schon einmal die Diskussion um einen Shitstorm verfolgt hat, für den ist sicherlich auch der Begriff Fürsprecher nichts neues. Fürsprecher braucht jedes Unternehmen. Egal ob Online oder Offline. Sie stehen einem Unternehmen auch in schwierigen Zeiten bei, was aktuell besonders in Shtistorms von Bedeutung sein kann. Die Wirkung vieler Shitstorms, oder das was viele für einen Shitstorm halten, würde durch Fürsprecher in solchen kritischen Situationen wesentlich gemildert. Das letzte meiner drei Videos widmet sich der Frage "Wie viel Macht und Kontrolle haben Kunden heutzutage über Marken und Unternehmen". Sie lässt sich zwar schwer beantworten, aber was man ohne Frage festhalten kann ist, dass der Einfluss jedes einzelnen von uns in den letzten Jahren enorm zugenommen hat.

Der Begriff des "Chief Executive Kunde", welcher den zunehmenden Markeneinfluss des Kunden auf den Punkt bringt, macht aktuell immer wieder die Runde. Wenn Kunden ein Unternehmen gefällt, bauen sie ein Verhältnis auf und werden so auch in kritischen Momenten zu Fürsprechern. Marken werden von Menschen, mit Erfahrung und einer Verbindung zur Marke, nachhaltig beeinflusst.

Weitere Social Business Videos finden Sie auf: http://www.ibm.com/smarterplanet/de/de/smarter_marketing/overview/ und http://www.youtube.com/user/IBMinDeutschland?feature=watch

Studie "Enterprise 2.0 - Konsequenzen für die Arbeitswelt von morgen: Status Quo 2013"

Nachdem ich gestern die Infografik zum Thema Enterprise Microblogging gepostet habe, folgt heute gleich eine Studie. Prof. Dr. Thorsten Petry von der Business School Wiesbaden und Florian Schreckenbach von embrander beschäftigen sich in der aktuellen Studie "Enterprise 2.0 - Konsequenzen für die Arbeitswelt von morgen: Status Quo 2013" mit den zu erwartenden, oder bereits eingetretenen, Veränderungen in der Arbeitswelt durch das hinzukommen von sozialen Medien.

Von 37 Prozent im Jahre 2010 auf 60 Prozent deutlich gestiegen, ist der Anteil im Enterprise 2.0 aktiven Unternehmen. Immerhin steuern und betreuen rund 40 Prozent dieser Unternehmen das Thema Social Enterprise systematisch. Der Prozentsatz jener Unternehmen die sich nicht mit Enterprise Social Networking beschäftigen, ist mit 5 Prozent erfreulich gering.

Das nach der aktualisierten Studie neue Kernziel ist es, die internen Kommunikation und Zusammenarbeit durch interne Nutzung von Social Media (Enterprise 2.0) deutlich zu verbessern. Das Social Communication statt E-Mail funktioniert, beweisen mittlerweile ausreichend vorhandene **Beispiele** wie etwa Bosch, atos oder Hamm Reno. Darauf basierend ist es auch keine große Überraschung, dass interne soziale Netzwerke, interaktive Intranets und Kollaborations-Software-Lösungen an der Spitze der Toolpalette bezüglich Enterprise 2.0 stehen. Als konkrete Softwarelösungen werden Microsoft Sharepoint (40 Prozent) und Eigenentwicklungen (37 Prozent) am häufigsten genutzt. Allerdings sind weniger komplexe, preisgünstigere und anpassungsfähigere Anbieter von Social Enterprise Software wie zum Beispiel Bitrix24, Zyncro, Jive oder Just Software stark im kommen.

Eine der Kernaussagen der Studie von 2010 bleibt aber weiterhin bestehen. Der Kulturwandel. **Enterprise 2.0 ist und bleibt ein kulturelles Thema**. Was auch dazu geführt hat, dass die Verantwortung solcher Social Networking Projekte häufig bei der Geschäftsführung/Vorstand angesiedelt ist. Dieser Aspekt hat um satte 11 Prozent zugelegt. Was auch auf einen weiteren Faktor bei der Einführung von Enterprise 2.0-Lösungen hindeutet. Eine Transformation und ein eventuell zu vollziehender

Kulturwandel geht durch alle Instanzen, inklusive der Unternehmensführung. Dies wiederum bedingt einer verstärkten Vorbildfunktion durch die Unternehmensführung und zeigt, dass diese Verantwortung erkannt und auch wahrgenommen wird.

Die komplette Studie „Enterprise 2.0 – Konsequenzen für die Arbeitswelt von morgen: Status Quo 2013“ steht unter www.embrander.de zum Download bereit.

Enterprise Microblogging [Infografik]

Enterprise 2.0 und Social Networks für den internen Gebrauch sind mehr denn je ein Thema. Das Neue an dieser Tatsache ist, dass mehr und mehr Unternehmen diesen Umstand auch für sich erkennen und dies intern versuchen umzusetzen. Die Werkzeugkiste an neuen Kommunikationswerkzeugen, sowohl für den internen als auch für den externen Gebrauch, wächst ständig weiter . Die folgende Infografik liefert einige interessante Zahlen und Entwicklungen zur Nutzung und Akzeptanz von Social Networking Software.

Was aber bleibt sind die Erwartungen. Wo liegt der Mehrwert eines Microblogging oder eines internen Social Networking Tools (weitere Vorteile im Blogpost **The Benefits of Enterprise Social Networking**).

- **Steigerung der Flexibilität**
- **Verbesserung der internen Kommunikation**

Der sehr hohe Anteil von 90% der befragten Unternehmen besticht nahezu, welche durch die Nutzung von Social Software deutliche und wahrnehmbare Verbesserungen verzeichnen. Alle angestrebten Verbesserungen, wie das **Zusammenarbeiten im Team** (84%) oder die **bessere Integration seiner Mitarbeiter** (73%), sind innerhalb der letzten zwei Jahre deutlich gestiegen. Sehr spannend ist auch die Zahl von 77%, die **eine verbesserte Kommunikation** zwischen den Teams und den Kollegen spüren. Auch die **Ersparnis von Arbeitszeit** durch weniger E-Mails und das schnellere Auffinden von Informationen von 65% überrascht wenig (Quelle: Wirtschaftswoche und BITKOM).

Welche Zahl findet ihr am spannendsten?

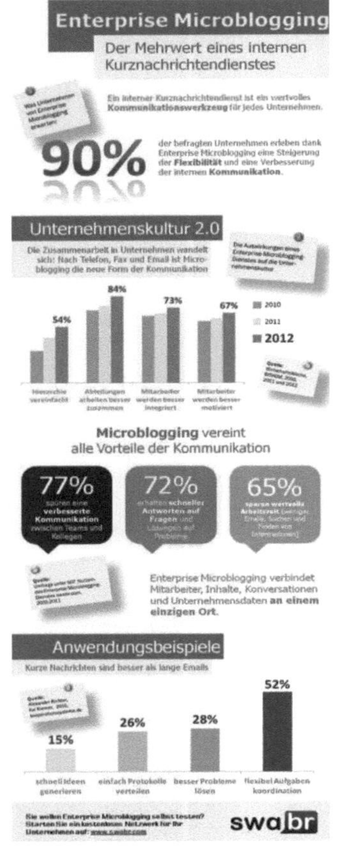

Digital Marketing & Media Summit 2013 (#D2M13) in Hamburg - Relevanz steht vor Reichweite

Digital Marketing & Media SUMMIT klingt erstmal nach einer großen, vielleicht zu großen, Veranstaltung. Das dies eine völlig unberechtigte Befürchtung war, habe ich die letzten beiden Tage (Mittwoch und Donnerstag) in Hamburg feststellen können. Abschließend muss man sagen, dass es wirklich ein rundum schönes und gelungenes Event war, welches meine Erwartungen eingehalten oder sogar übertroffen hat. Sowohl was die Inhalte der Vorträge angeht, welche durchweg interessant gewesen sind, als auch was die persönlichen Gespräche angeht. Zwei Faktoren welche ich für solche Veranstaltungen in der letzten Zeit für immer wichtiger erachte.

Praxisbeispiele aus diversen nationalen und internationalen Unternehmen bzgl. Storytelling, Tool-Auswahl und Kundenservice 2.0 standen am ersten Tag im Fokus. Am zweiten Tag wurde am Nachmittag von der Theorie in die Praxis, in Form eines Workshops, übergegangen. Für mich persönlich sind zwei Erfahrungen aus den beiden Tagen am wichtigsten.

Social Media kommt mehr und mehr in allen Branchen und Bereichen an. Man mag es kaum glauben, aber es ist noch nicht in der Breite in den Unternehmen angekommen wie man meinen könnte. Es ist aktuell keine Seltenheit, dass sich Unternehmen völlig ohne Strategie im Social Web bewegen. Sie zählen zwar oftmals schon alleine durch die "Existenz" in den Kanälen als Vorbild, könnten aber mit einer durchdachten Content-Strategie und einer Social Media Strategie mehr aus ihren Möglichkeiten machen.

Die andere, für mich sogar weitaus spannende, Erkenntnis ist das **Zusammenwachsen der internen und externen Social Media Aktivitäten**. Das was bei Unternehmen wie der IBM untern dem Motto "Social Business" läuft und das **Zusammenwachsen der internen und externen Social Web Aktivitäten und die Einflussnahme auf die Geschäftsprozesse** beschreibt.

Ich bin ja nach wie vor der Meinung, dass ohne eine entsprechende innere Haltung, ein authentisches und echtes externes Social Media eher schwer ist.

Reichweite über Social Media

Melanie Gömmel vom (WWF Deutschland) berichtete in ihrem sehr sympathisch vorgetragenen Vortrag, wie sie ihre bestehende Fangemeinschaft im Social Web mit Informationen versorgen und warum sie nicht um jeden Preis auf "Fan-Gang" gehen. Kurz gesagt brachte sie es wie folgt auf den Punkt: **"Relevanz statt Reichweite"**. Ja, natürlich würden sie auch Ads bei Facebook schalten, aber nur bei generischen Themen die eine breite Masse erreichen soll. Das organische Wachstum hat aktuell mit knapp **130.000 Fans** sein Zenit wohl erreicht, man hat dies aber zur Kenntnis genommen und so akzeptiert. Man möchte die Fans und Unterstützer mit relevanten Informationen versorgen und sie nicht "zu spam'en". Man möchte als weltweite Organisation eine **hochaffine Zielgruppe** ansprechen, auf die sich dann fokussiert werden soll. Das Engagement und die Loyalität seiner affinen Fans möchte man:" ...“durch qualitativ hochwertigen Content erreichen. Also gilt: "Qualität vor Quantität”, so Melanie. Eine Vorgehensweise die ich sehr sympathisch, logisch und nachahmenswert finde.

Content Curation & Marketing

Social Media Manager Martin Widenka stellte ihn seinem Vortrag die Social Media Aktivitäten von Thomas Cook Deutschland vor. Nachdem Widenka das Engagement des Unternehmens etwas genauer schilderte, kamen einige kritische Stimmen aus dem Publikum zum Vorschein. Die Facebook Fanpage stand hier besonders im Fokus. Das Zusammentragen und Aufbereiten von Inhalten aus dem eigenen Haus bzw. aus den internen Mediendatenbanken, wird hierbei als Content Curation verstanden und ging manchen Besuchern etwas am Ziel vorbei. Blogs werde das Reiseunternehmen in Kürze ebenfalls starten, wobei man hier noch keine weiteren Einzelheiten verkündet konnte. Ein "SEO-Blog" (mein Un-Wort des Tages) werde es aber nicht zu 100%. Natürlich spielt SEO eine Rolle, aber nicht mehr oder weniger als bei allen anderen Aktivitäten auch. Aber der Begriff SEO-Blog war mir noch nicht untergekommen und ist mir auch in irgendeiner Art "zu wider".

Ich weiß nicht wieso, aber der Begriff klingt schon so harsch und irgendwie ist es so "anti" allem gegenüber für das das Social Web steht. Ich schreibe meinen Blog für meine

Fans, Kunden und Leser und nicht für Google! Ja, Google ist eine Suchmaschine und ja es ist wichtig. Aber der Begriff SEO-Blog geht mir ein Schritt zu weit.

Kundenservice 2.0

Maximilian Ehlers, Project Manager bei o2 Telefónica, und Corinna Conradi, Projektleiterin Social Media Kundenservice, Deutsche Bank, widmeten sich dann dem Thema Kundenservices 2.0. Ein Punkt der uns alle betrifft und mit dem viele von uns vermutlich bereits Bekanntschaft gemacht haben. Trotzdem beeindruckten die Zahlen von Maximilian schon. Denn 30% aller Supportanfragen werden über die Social Media Kanäle wie Facebook, Twitter und Foren abgedeckt. Dabei entstehen für die insgesamt 18 Mitarbeiter des Social Media Team im Durchschnitt 1200 Anfragen pro Tag. Und das in einer Schicht von **08:00 - 23:00 Uhr** inklusive des Wochenendes. Wenn man jetzt noch die doch zügigen **Antwortzeiten von 2 Stunden (Twitter) und 4 Stunden (Facebook)** berücksichtigt. All das geht aber nur, und hier kommt dann wieder das Thema **Enterprise 2.0** zum tragen, wenn man das **Wissen aller zentral für alle verfügbar** macht. Bei O2 wird dies mit einer Knowledge-Base realisiert, welches mit Informationen gefüllt wird die zukünftige Anfragen unter Umständen beschleunigen können. Aber auch die guten alten Textbausteine bei Antwortschreiben sind, wenn auch in gekürzter Form, gültig und werden hier verwendet. So ganz ohne scheint es dann doch nicht zu gehen.

Corinna hingegen steht mit dem Engagement der Deutsche Bank hinsichtlich des Supports im Social Web noch ganz am Anfang. So ist es auch wenig verwunderlich, dass die Anfragen sich noch im sehr niedrigen Bereich befinden. Es ist aber auch dem Umfeld Bank geschuldet, in dem es doch mehr Vorgaben und Richtlinien gibt als in anderen Branchen welche zuerst überwunden werden müssen. Staunen kann man auch über die beiden Social Media Kanälen, mit denen man vor Jahren begonnen hat. Das waren Flickr und YouTube. Nicht unbedingt die beiden populärsten Kanäle für einen Start ins Social Web. Aber, oder gerade im Bereich Banken, kommt es auf Qualität an.

Ähnlich wie beim WWF steht hier die Qualität vor der Quantität, wobei die Anfragen aus dem Social Web kommt die höchste Priorität besitzen.

Ein interessanter Aspekt der aktuell nur bei O2 genannt wurde war, das sich der Bereich Social Media zu einem **Karrierepfad** entwickelt habe. Wenn man genauer hinsieht und nachfragt, wird dies mit Sicherheit auch in anderen Unternehmen der Fall sein.
Alles in allem eine sehr gelungene Veranstaltung, die nächstes Jahr gerne in ähnlicher Form wieder stattfinden darf!

Social Communication statt E-Mail - So sieht's aus!

Woran Projekte wirklich scheitern und was man daraus lernen kann

Projekte scheitern oftmals an einer schlechten und nicht transparenten Kommunikation innerhalb der Teams. Durch die zunehmenden internationalen Verknüpfungen vieler Projekt-Teams, wird die Zusammenarbeit immer komplexer und schwieriger zu regulieren. Das die E-Mail in einem solchen Umfeld nicht immer die optimale Lösung ist, ist kein Geheimnis mehr und im Grunde genommen allen bekannt. Wie eine solche interne Kommunikation heutzutage noch zu oft aussieht, habe ich bereits im Beitrag Business practices that refuse to die – E-Mail trees beschrieben. Aber wenn der Knoten erstmal geplatzt ist, kann alles "ganz schnell" gehen. Also schnell im Gegensatz zu vorher garnicht.

Wenn man von Usecases aus der Praxis spricht, nach denen zu Beginn von Enterprise 2.0-Projekten oftmals gefragt wird, ist es das folgende Video was den Knoten zum platzen bringt. Überzeugen tut der Inhalt des Videos, weil es jeder von uns aus dem Alltag kennt und überzeugen tut es weil jeder weiß, dass man es eigentlich anders machen müsste. Sätze wie "So sieht es heutzutage leider aus" und "ach das kenne ich doch nur zu gut" sind in diesem Zusammenhang keine Seltenheit.

Diese Einsicht muss dann nur noch die Führungsetage bekommen und schon ist der Knoten in Sachen Social Enterprise geplatzt. Das Gleiche gilt übrigens auch in Sachen Social Media überhaupt. Wie heute auf dem **Social Media & Marketing SUMMIT** in Hamburg zu hören war ".. gehen manche Unternehmen lieber unter, als sich zu ändern".

In solchen Fällen kann die Engstirnigkeit auch zum totalen Kollaps eines Unternehmens führen. Aber lieber sollten Unternehmen den Veränderungen offen gegenüber stehen und gemeinsam mit der Belegschaft versuchen den Knoten zum platzen zu bringen. Denn das Gute ist! Wie aktuell humanresourcemanager.de berichtet ist "**Enterprise 2.0 kein Fremdwort mehr**". Hier geht es zur Präsentation bei Slideshare.

Enterprise 2.0 - 6 key arguments to get started

Ich habe einen ersten Versuch in Sachen Slideshare unternommen und möchte euch an dieser Stelle sehr gerne das Ergebnis präsentieren. Ich gebe zu, es ist (noch) nicht perfekt, aber der nächste Versuch kommt bestimmt und dann klappt's auch mit den Seiten-Notizen :-) Solange würde ich euch bitten, auf Slideshare den ersten (und einzigen) Kommentar bzgl. der "Auflösungen" mit zu beachten. Hier geht es zur Präsentation “6 key arguments to get started”.

re:publica 2013 in Berlin gestartet - Gunter Dueck rüttelt die Internet-Gemeinde auf

re:publica 2013 - Gunter Dueck: Aufruf zum metakulturellen Diskurs

Man kennt Gunter Dueck, Mathematik Professor und Ex-CTO (Chief Technology Officer) der IBM Deutschland, bereits recht gut in Berlin. Nicht zuletzt wegen seines letzten Auftritts auf der re:publica mit dem Thema 'Das internet als Gesellschaftsbetriebssystem'. Dieser Auftritt und das daraus resultierende YouTube-Video hat den Bekanntheitsgrad von Gunter Dueck auch in der jüngeren Zielgruppe, welche sich in der Regel auf Veranstaltungen wie der re:publica aufhält, nochmal befeuert. Seine Webseite www.omnisophie.com und der Daily Dueck erfreut sich bereits seit Jahren größter Beliebtheit. Nun ist Gunter Dueck zurückgekehrt auf die Bühne der re:publica, um zu einem metakulturellen Diskurs aufzurufen.

Ich gebe zu, ich sehe und höre Gunter Dueck gerne zu. Auch wenn er sein Publikum oftmals entweder mit seiner Rede oder seinen zum Teil überladenen Folien etwas verwirrt. Trotzdem regt er mit seinen Ideen, Vorschlägen und Thesen immer wieder zum nachdenken an und hinterlässt den Saal nicht selten mit großem Applaus. Es gibt aber auch andere Stimmen, die es für unangemessen halten jemanden für solche Reden Geld zu überweisen. Am Ende muss man sagen, hat Gunter Dueck mit vielen seiner

Aussagen und Visionen Recht behalten. Das Gebiet was ihm dabei besonders am Herzen liegt ist das der Bildung. Bildung muss generell umstrukturiert werden. Bildung muss spannender, abwechslungsreicher und greifbarer werden. Das kann ich so nur unterstreichen!

Unter dem Strich war der Vortrag von Gunter Dueck für mich persönlich wieder einmal sehr unterhaltsam, wenn auch nicht ganz so revolutionär wie der zum **'Internet als Gesellschaftsbetriebssystem'.**

Die Zeit titelt aktuell 'Gunter Dueck, Hofnarr der digitalen Elite' Was denkt ihr? Hofnarr und nur seiner Zeit voraus?

Hier geht es zum Video "re:publica 2013 - Gunter Dueck: Aufruf zum metakulturellen Diskurs".

The Benefits of Enterprise Social Networking

Der Titel um den Begriff "Benefits of Enterprise Social Networking" ist hier absolut Programm

Besser kann man es nicht sagen. Es lässt sich zu den Vorteilen von **Enterprise Social Networking**, die in den Slides thematisiert werden, nicht viel mehr schreiben als auf den Slides steht. Absolut auf den Punkt!

Es sind DIE Vorteile die man immer wieder versucht rüber zu bringen und welche nun immer mehr auch in den Unternehmen und den Führungsetagen ankommt.

Hier der Link zur Präsentation auf Slideshare.

Enterprise 2.0 und Diät - Wie geht das zusammen? SO!

Enterprise 2.0 und die gute alte Diät - Es gibt mehr Gemeinsamkeiten als man denkt

Da sieht man mal, auf was für Ideen, Gedanken und Überlegungen man während einer Laufrunde durch den Wald so kommt. Gibt es Parallelen bei den beiden Themen Enterprise 2.0 und dem was man gerade versucht? Gewohnheiten zu ändern, alte eingefahrene Prozesse zu ändern und den Willen es zu schaffen? Trifft das alles nur auf Enterprise 2.0 oder Social Business zu? Nein, trifft es nicht.

Und wenn man länger drüber nachdenkt, könnte man die Liste der Argumente sicherlich noch um einige Punkte erweitern.

Änderung der Gewohnheiten

Wenn man seine Gewohnheiten und Prozesse nicht überdenkt und ändert, wird sowohl die beste und tollste Diät als auch das beste Social Business Projekt keinen (langfristigen) Erfolg haben. Man muss den nötigen Veränderungen offen gegenüber stehen und akzeptieren das sie eventuell geändert werden müssen. **Es muss Bewegung rein!** Weder die Diät noch das Projekt führt ohne Bewegung zum gewünschten Erfolg!

Wegfall alter Prozesse

Hat man seine alten Gewohnheiten über Bord geworfen, müssen die alten abgelösten Prozesse an die neuen Gewohnheiten angepasst oder auch über Bord geworfen werden. Sie müssen der neuen Situation angepasst werden. Sowohl in der Prozesslandschaft als auch im Kühlschrank :-)

Der Wille

Der entscheidende Faktor überhaupt! Ohne den unbedingten Willen wird man beides nicht durchhalten. Auch wenn es mal kleine Rückschläge oder negative Erfahrungen gibt, muss der Wille da sein auch nach solchen Punkten weiter zu machen. Auch dann weiter zu machen, wenn nach 3-4 Wochen der Bewegung und des Hungers nur wenige Kilos gepurzelt sind. Und auch dann ein Projekt nicht als gescheitert anzusehen, wenn nach ein paar Wochen weder die Aktivität noch die Akzeptanz der Mitarbeiter durch die Decke geht.

Die Überzeugung

Man muss von dem was man macht und tut zu 100% überzeugt sein. Wenn ich etwas nicht wirklich will, wird es nicht funktionieren. Ist die Unternehmensführung nicht von den Enterprise 2.0 Bemühungen überzeugt, wird es dies auch nicht authentisch in der Belegschaft an den Mann bringen können.

Geduld und Ausdauer

Sowohl bei der Diät als auch im Bereich Social Enterprise brauche ich Geduld und Ausdauer. Habe ich diese nicht und übertreibe die Forcierung kann es in beiden Fällen zum Scheitern führen. Geduld schon alleine aus dem Grund, weil es eine weiterführende Änderung im Verhalten und im Verständnis ist.

Der Jo-Jo Effekt

Stelle ich die oben genannte Geduld und Ausdauer nicht unter Beweis, erleide ich auch bei meinen Social Business Bemühungen den Jo-Jo Effekt. Kommen die vermeintlichen Erfolge zu schnell und die Planungen sind zu kurz gedacht, werde ich den für Diäten bekannten Jo-Jo Effekt auch im geschäftlichen Umfeld erliegen. Alte Gewohnheiten kommen wieder zum Vorschein, Prozesse werden wieder zurückgedreht und Ziele werden über Bord geworfen.

Habt ihr noch mehr Vorschläge was die Parallelen angeht? Ich freue mich auf Eure Kommentare!

p.s. Dieser Artikel wurde übrigens von einem ehemaligen IBM-Kollegen ins englische übersetzt und unter dem Titel "Enterprise 2.0 and weight loss - siblings separated at birth?" veröffentlicht.

crowdmedia SMWHH 2013 - "Wir haben entschieden, miteinander zu arbeiten"

Unternehmen auf dem Weg zum Social Business

Die Social Media Week machte zu Beginn des Jahres Halt in Hamburg. Martin Heers hat im Rahmen der Social Media Week Hamburg einen sehr schönen und grundlegenden Einblick in viele Bereiche Social Enterprise und Social Enterprise Software gehalten. Was sind die wirklichen Argumente für ein Engagement und was genau habe ich als Unternehmen davon. Vieles sind bereits bekannte Gründe, die auch hier im Blog schon des öfteren erläutert wurden. Durch seine Bildhafte Art der Präsentation schafft Martin es, die Zusammenhänge auch "Nicht-Experten" sehr schnell, sehr deutlich zu machen. Leider habe ich genau diese Session bei meinem Besuch auf der Social Media Week verpasst.

Nicht umsonst wird das Projekt bei der Continental AG zum Thema Social Enterprise mal wieder als Beispiel genommen. Innerhalb der nächsten Jahre soll hier das **E-Mail Aufkommen deutlichst reduziert** werden und die **Vernetzung soll** im gleichen Rahmen deutlich **erhöht werden**. Im Beitrag Social Business @ Conti – Die Reise geht weiter habe ich erst kürzlich über genau diese Entwicklungen und Planungen bei Conti berichtet. Conti geht damit einen ähnlichen Weg wie atos, wo man auch deutlich kommuniziert hat, das interne E-Mail Aufkommen so weit wie möglich zu reduzieren. Immer mehr Unternehmen erkenn, dass die E-Mail eine im heutigen Businessumfeld nicht immer optimale Kommunikationsform ist. Eine sehr interessante Vorgabe die Martin in seinem Vortrag erwähnt ist, bei E-Mail mit mehr als einen Empfänger die E-Mail als Tool zu überdenken. Anders als bei einer Community zum Beispiel, kann bei einem solchen **E-Mail Ping-Pong** weder etwas schnelles noch etwas gutes heraus kommen. Man verstrickt sich zusehends in endlosen E-Mail-Schleifen, die dann zu Ineffizienz, Unzufriedenheit und E-Mail Flut führen.

Aber seht selber! Ich kann das Video (hier der Link zum Video) nur empfehlen!

p.s. Dieses Video ist auch Teil meiner Enterprise 2.0-Liste auf YouTube :-)

Social Business @ Conti - Die Reise geht weiter

Learnings aus der Praxis

Das Enterprise 2.0 und Social Collaboration auch in Großunternehmen funktionieren kann, beweist einmal mehr die Continental AG aus Hannover. In seiner Präsentation geht Herr Harald Schirmer sehr offen und proaktiv an die Änderungen heran, die eine solch neue und andere Arbeits- und Denkweise mit sich bringt. Man hat registriert und verstanden, dass man langfristig mit alten starren Prozessen nicht mehr wettbewerbsfähig bleiben wird. Und in alle Management Ebenen hat man verstanden, dass man durch Enterprise 2.0-Bemühungen nichts zu befürchten hat. Es wird nicht mehr über die Daseinsberechtigung von Social Software gestritten, sondern es werden Anwendungsfälle analysiert um durch Social Collaboration dem Mitarbeitern und dem Unternehmen Synergien zu ermöglichen.

Dazu gehört aber nicht nur die Einführung eines neuen Tools oder einer besseren Software. **Der technische Aspekt ist bei solchen Projekten der weitaus weniger kritische** Teil. Es geht vielmehr darum ein **Umdenken und ein Verständnis aufzubauen**, was die **Lust und den Wunsch nach anderen Arbeitsweisen** fördert. **Mehrwerte müssen aufgezeigt** und **verstanden** werden. Die beste Technik nutzt nichts, wenn sie niemand kennt, nutzt oder versteht.

Bereits im Beitrag - Continental nutzt Social Enterprise Tools - bin ich auf die detaillierten Beweggründe eingegangen, weshalb man sich bei der Continental AG tiefergehend mit einem neuen Weg der Zusammenarbeit befasst.

Ich möchte an dieser Stelle auf die Argumente und Punkte von Herrn Harald Schirmer eingehen und diese zitieren. Alleine aus dem Grund weil man es besser kaum hätte sagen können. Warum also "verfälschen"?

#Purpose
Working without knowing/feeling the purpose will lead to un-engagement. Engagement is the "motor" for creativity, motivation and great results

#PushTheLimits
We identified that as a task for new leaders/management – at least "challanging" old limits will open new possibilities

#BeConnectedToYourself
A great way to ensure you will not get lost in information overflow, always on and other modern
"issues" – Know yourself, see yourself – stay connected to yourself

#LivingInPermanentBeta
Often it is referred to steps of evolution leading to a new (stable) level – this might be a wrong picture for our future – since almost "everything" is permanently changing – since we are changing so much in shorter time, throughout all topics

#KnowledgeIsTheNewCurrency
Sharing starts with giving something – Money is surely not meant by this. It is knowledge, which is used for sharing, information, provided earlier, faster or in more depth to the own "followers" – giving them an advantage – it becomes our valuable currency – and by "spending valuable information" - you will receive other important info – in time – when needed

WirtschaftsWoche (WiWo) Lunchtalk - Keine E-Mails mehr - geht das wirklich?

Atos schafft (interne) E-Mails ab

Täglich um 12 Uhr wird bei der WirtschaftsWoche zum Lunchtalk eingeladen und es wird 15 Minuten mit Experten oder Unternehmensvertreter über ein Thema diskutiert. Aktiv an der Session welche via Google Hangout gemacht wird, kann man aktiv auf Twitter mit dem Hashtag #lunchtalk. In der gestrigen Ausgabe war Stefan Pieper von Atos zu Gast, die bekanntlich bis Ende 2013 die E-Mail abschaffen wollen. Zumindest was die interne Kommunikation angeht. Und womit? Mit Recht!

Der Weltweite Projektmanager Robert Shaw hat erst kürzlich im Interview auf der Webciety ein wenig mehr Einblick in das ambitionierte Projekt gegeben. Was in diesem Zusammenhang aber immer falsch gedeutet wird ist, dass **Atos die E-Mail primär für die interne Kommunikation und Zusammenarbeit abschaffen möchte**. Und das auch nicht von heute auf morgen. Warum also sorgt dieser Fall Atos für solch ein Aufsehen und Interesse? Wegen des bereits o.g. falschen Verständnisses, dass die E-Mail bei Atos generell abgeschafft werden soll. **Atos möchte sich also bis Ende 2013 zu einem Social Enterprise entwickeln** und seine **Mitarbeiter dahingehend sensibilisieren die eigene Kommunikation zu überdenken**. Nicht in jedem Fall eine E-Mail zu schreiben, sonder einen der diversen anderen angebotenen Wege (Chat, Video-Chat, Telefon oder persönliches Gespräch) zu nutzen.

Das von Herrn Pieper im Hangout erläuterte Beispiel zur Erstellung eines Angebotes, hat mich an das Video aus dem Beitrag Business practices that refuse to die – E-Mail trees erinnert. Hier werden eben genau diese Vorzüge von Social Software Lösungen mit sich bringt, solche Angebote effektiver erstellen zu können.

Ich schicke nicht jede mehr oder weniger dicke Datei über den Server an 5 Kollegen, sonder erstelle und hinterlege sie zentral und teile lediglich den "Speicherort" via Link mit den Kollegen.

Ich bin mir ziemlich sicher das Atos sein Projekt erfolgreich zu Ende führen wird und spätestens dann wird auch beim letzten die Vision, die Vorteile und die Möglichkeiten von Social Enterprise Lösungen angekommen sein.

Hier der Link zum Lunchtalk auf youtube.

Social Business Software - Die neue Art sich auszutauschen

Interne Kommunikation über Social Networks

Die interne Vernetzung von Mitarbeitern mit Hilfe einer Social Software Lösung dient der Steigerung der Effektivität aller Mitarbeiter und somit auch des Unternehmens. Intrexx Share ist eine solche Social Business Software welche die Vernetzung untereinander vereinfacht und jobrelevante Prozesse miteinander verbindet.

Welches ist eines der Hauptziele, welches man durch die Nutzung von Social Software im Unternehmen erreichen möchte? Richtig! Die **Reduzierung von E-Mails**.
E-Mails werden im Falle von Intrexx Share genauso wie in anderen Social Enterprise Applikationen durch einen Newsfeed ersetzt. Es wird gerade in **dezentralen Projekten** von der **offenen und transparenten Art der Kommunikation** profitiert. Anders als bei einer einfachen E-Mail Kommunikation zwischen einzelnen Personen, werden alle Mitarbeiter in die Kommunikation eingebunden. Entscheidungen können somit schneller und fundierter getroffen werden und tragen zur Steigerung der Effizienz und der Qualität von Entscheidungen bei. Welche Rolle der Newsfeed spielt kann man im Beitrag Die Rolle von Newsfeeds für die Erzeugung neuen Wissens im Arbeitsprozess sehr schön im Detail nachlesen.

Auch die **Planung von Meetings** und die **zeitnahe Erstellung von Protokollen** vereinbarter Termine, ist eines der immer wiederkehrenden **Anwendungsbeispiele**, wenn man von Social Software spricht. Alle anderen Arten von Informationen schnell und transparent mit anderen Usern teilen, ähnlich wie bei Produkten anderer Hersteller.

Das Feature von Intrexx Share, was es von anderen Anbietern unterscheidet ist der "Beziehungsdesigner". Dieser ermöglicht die Einbindung der im Unternehmen eingesetzten Softwarelösungen (Intranet, CRM, ERP, BI, Exchange etc.). Alle wichtigen Informationen, die man für die tägliche Arbeit braucht, werden in den persönlichen Newsfeed integriert. Über selbst zu erstellende Formulare und Erfassungsmasken kann man von hieraus direkt auf die jeweilige Anwendung zugreifen.

Social Enterprise kurz erklärt

Es besteht immer **Bedarf an guten Videos und Erklärungen** dazu, was Social Enterprise oder Enterprise 2.0 bedeutet. Es ist in der Tat nicht einfach ein solch komplexes Thema "Außenstehenden" schnell und greifbar näher zu bringen. Das habe ich erst vor Kurzem im Interview mit Dr. Nils Lange feststellen dürfen.
Daher finde ich das Video von United Planet sehr schön gemacht um die Kernaspekte einfach zu erläutern.
Hier geht es zum Video auf youtube.

Reduzierung der E-Mail-Last und weitere Anwendungsfälle von Enterprise 2.0 - 23. Praxisinterview mit Dirk Wippern

Bei Enterprise 2.0-Projekten ist die Technik das kleinste Problem

Nachdem ich in der 23. Ausgabe des PRAXISINTERVIEW über die Themen Enterprise 2.0 und Social Media sprechen durfte, hat Dirk Wippern von der beyond email GmbH den Staffelstab erneut aufgenommen.
In der 24. Ausgabe der PRAXISINTERVIEW Nacht #PIN8 berichtet er aus seiner langjährigen persönlichen Erfahrung in Sachen Enterprise 2.0, deren Einführung in Unternehmen und erläutert warum die Technik das kleinste Problem ist. Der gleichen Meinung bin ich übrigens auch :-)

Enterprise 2.0 - Die klassiken Anwendungsbereiche

- **Reduzierung der E-Mail-Last** - War auch bereits Thema in meinem Interview mit Nils und wird in dieser Ausgabe dankenswerter Weise nochmals thematisiert.

- **Verzahnung von Vertriebs- und Backoffice-Aktivitäten** - Enterprise 2.0 bedeutet nicht nur die Einführung von Tools sondern auch die Veränderung oder gar die Abschaffung der internen etablierten Prozesse.

- **Etablierung eines Markplatzkonzepts zur Aktivierung des Wissens der Mitarbeiter** - Einer der schwierigsten Punkte wenn man vom Thema Enterprise 2.0 spricht. Der Mind-change! Das Umdenken welches stattfinden muss, um Akzeptanz zu erzeugen.

- **Optimierung des "Onboarding"-Prozesses** – wenn also neue Mitarbeiter im Unternehmen anfangen - Eines der besten Argumente um das Management von der Sache Enterprise 2.0 zu begeistern. Enterprise 2.0 hat hier nicht nur für den Mitarbeiter einen enormen Nutzen sondern auch viele Vorteile für das Unternehmen. Mitarbeiter kommen wesentlich schneller "on speed" als mit aktuellen Einarbeitsprozessen. Auch das habe ich in meinem Interview bereits angesprochen.

- **Verbesserung der Meeting-Qualität** - Ein weiteres Paradebeispiel an Anwendungsfällen. Wer kennt nicht den Fall, das man zu einem Meeting eingeladen wird ohne zu wissen um was es geht und man hat nicht die Chance die Agenda des Meetings zu editieren. Protokolle werden während des Meetings erstellt, für alle freigegeben und entsprechend hinterlegt. Auch dieses Beispiel kenne ich aus der Praxis sehr gut. **Hier geht es zum Video-Interview auf youtube**.

Enterprise 2.0 und Social Media - 23. Praxisinterview mit Andreas Schulze-Kopp
Google Hangout Interview zum Thema Enterprise 2.0 und Social Media

Was bringt die schöne neue Welt nicht alles für tolle Sachen mit sich. Der **Google Hangout** ist, wie ich persönlich vor allem seit Hangout On Air finde, eine dieser Errungenschaften.

Jeder kann zum Produzenten seiner eigenen kleinen Show werden. Aktuell sorgt Google mit seinem Feature "On Air" in der Öffentlichkeit für Aufmerksamkeit. So wollen zum Beispiel die Schlagzeilen zum geplanten Hangout von Angela Merkel gar nicht abreissen.

Dr. Nils Lange von www.social-media-cultoring.de, hat mir im Rahmen seiner **YouTube-Reihe "PRAXISINTERVIEW NIGHT"** dazu Gelegenheit gegeben ein wenig über die **Themen Enterprise 2.0 und Social Media** zu berichten.

Für mich gehören diese beiden Themen unmittelbar zusammen und haben einen nicht geringen Einfluss aufeinander. Das habe ich u.a. auch im Gespräch mit Nils versucht deutlich zu machen. Folgende Punkte habe ich aber nach dem Interview wieder einmal festgestellt:

- - Enterprise 2.0 ist ein Thema, über das man ohne Probleme stundenlang diskutieren kann. Es hat einfach unheimlich viele Berührungspunkte zu anderen Bereichen und Themen
- - Das 60 Minuten Interviewzeit und 30 Minuten Netto Sendezeit nicht reichen, um auf allen Themen in Gänze eingehen zu können. Im Nachgang fällt einem dann immer noch etwas ein, was man vermeintlich vergessen hat. Einen Aspekt oder ein Zusammenhang, der vielleicht nicht völlig deutlich geworden ist. Ein Argument für Enterprise 2.0, das während des Gesprächs einfach nicht raus wollte.
- - Und das ich eine breitere Internetverbindung benötige :-)

Ich bin aber dankbar für die Möglichkeit des Interviews und hoffe zukünftig wieder die Möglichkeit zu bekommen, über diese beiden Themen zu berichten!

Ich freue mich über Euer Feedback, Kommentare, Shares und Likes ;-)

Hier geht es zum Video-Interview auf youtube.

Enterprise Social Networking Quotes [Slideshare]

Pro-Argumente zum Thema Enterprise 2.0

Es wird oftmals nach Gründen gefragt, warum sich ein Unternehmen (egal welcher Größe) mit Themen wie Enterprise 2.0 beschäftigen sollte. Meinungen und Erfahrungsberichte (Tutorials) Dritter haben hier noch immer einen enormen Stellenwert. Von Unternehmen und CEOs, welche bereits auf den Social Enterprise Network-Zug aufgesprungen sind, zu hören was das "Social Engagement" bringt ist oftmals unbezahlbar.

Mein persönlicher Favorit ist noch immer das Statement auf Seite 18.

"If HP knew what HP knows, we'd be three times more produktive!"

Kein geringerer als der ehemalige **HP CEO Lew Platt** steckt hinter dieser Aussage. Warum genau das mein Favorit ist? Nun, aus zwei Gründen.

Zum einen zeigt es den wahren Kern aller Anstrengungen und Bemühungen auf, um die es bei Enterprise 2.0 dreht. Das gesamte Wissen der Mitarbeiter, zum Wohle des Unternehmens und seiner Mitarbeiter, zu bündeln. Was auch unmittelbar zum zweiten Grund führt. Warum und was bringt mir diese Bündelung des Wissens? **Langfristig gesehen resultiert dies, in einer Steigerung der Produktivität**. Die der Mitarbeiter und die des Unternehmens. Jeder einzelne Mitarbeiter kann schneller, transparenter und effektiver arbeiten und trägt somit auch zur Produktivitätssteigerung des Unternehmens bei.

Hier geht es zur Präsentation Enterprise Social Networking Quotes von Inside Communication auf Slideshare. Welches ist Euer Lieblingsstatement?

Social Intranet und die aktuellen Entwicklungen

Social Intranet (R)evolution at Enterprise 2.0 Summit

Enterprise Social Media und Enterprise Network sind, mit Blick auf das gesamte Portfolio von Enterprise 2.0 und Social Media, die Bereiche in dem am meisten Bewegung zu herrschen scheint. Unternehmen scheinen zu realisieren, dass man sich intern anderes strukturieren und aufstellen muss um mittelfristig konkurrenzfähig zu sein. Nicht nur die externe Veränderungen in sozialen Netzwerken, sondern vor allem die interne Veränderung der Organisation, steht bei vielen Unternehmen ganz oben auf der Agenda.

Jane McConnel hat jetzt ihre Charts des diesjährigen European Enterprise 2.0 Summits auf ihrem Blog veröffentlicht. Der Titel des Beitrages lautet treffend "5-reasons-social-intranets-have-not-taken-off" und bietet u.a. eine Gegenüberstellung von Anforderungen an heutige und zukünftiger Anforderungen an ein Social Intranet. Warum und wie ein Social Intranet Mitarbeiter tangiert und warum sie noch nicht den Erfolg haben, den sie haben könnten, wird in diesem Beitrag und den dazugehörigen Slideshare-Charts sehr deutlich.

Shareconomy - Leitthema der Webciety in Hannover

Nicht von ungefähr war **Shareconomy** das Leitthema der diesjährigen CeBIT in Hannover. Es wurden u.a. die Thesen zur Enterprise Social Business-Einführung veröffentlicht, welche durch eine Experten-Runde auf Facebook erarbeitet und dokumentiert wurden. Im Rahmen der Webciety fanden außerdem eine Reihe von Diskussionsrunden und Vorstellungen zu Themen wie Enterprise 2.0, Arbeitsplatz der Zukunft und Social Intranet statt. Im speziellen möchte ich an dieser Stelle auf die Paneldiskussion unter der Leitung von Sebastian Thielke (Eck Kommunikation) mit Tim Miksa (Geschäftsführer Netmedia), Lars Onasch (Opentext Software), Jens Hoppe (Contens), Adrian Rössler (Podio) und Felix Escribano (Senior Berater, Kuhn, Kammann & Kuhn) hinzuweisen.

Bei der Diskussion zur Entwicklung des Intranets (ab Minute 269:00) stand die Frage im Fokus, wie sich aktuelle Intranet-Lösungen entwickeln werden und welche Möglichkeiten sie haben sich zu einem Social Intranet zu entwickeln. Das **Intranet muss als Enterprise Network** angesehen und akzeptiert werden. Übereinstimmend berichteten alle Teilnehmer davon, dass ein Intranet heutzutage oftmals zu statisch aufgesetzt ist, zu komplex im Aufbau ist und als reine Informationsplattform betrachtet wird. Nicht als Plattform des öffentlichen Dialoges und nicht als Möglichkeit die Mitarbeiter in die Erstellung von Content einzubeziehen. Die Möglichkeiten der sozialen Interaktion auf diesen internen Plattformen ist aktuell, wenn überhaupt, nur sehr selten gegeben oder wird nicht ausreichend kommuniziert.
Es muss ein generelles Umdenken stattfinden, um mögliche Potentiale einer internen Social Intranet Lösung (Flexibilität, Transparenz, direkte schnelle Kommunikation) voll auszuschöpfen.

- Statisch ----> kommunikativ und sozial
- Komplex ----> einfach, zugänglich und verständlich
- Sehr stark kontrolliert ----> Transparenz, Offenheit und Vertrauen

Auch Forbes berichtet heute auf seiner Seite über die 5-hurdles-for-the-social-intranet. Ein weiteres Indiz für die Dringlichkeit und Wahrnehmung in der Öffentlichkeit.

Das Social Intranet hat den Durchbruch noch nicht geschafft! Warum?

Auf diese Frage gibt es sicherlich reichlich Antworten, wie zum Beispiel die Angst durch das Teilen seine Macht verlieren zu können. Jane McConnel hat die 5 offensichtlichsten Gründe aus ihrer Erfahrung heraus im Rahmen ihrer Präsentation auf dem **European Enterprise 2.0 Summit** wie folgt zusammengefasst.

Jane McConnell (Quelle:NetStrategyJMC)

Lack of urgency

Es ist nicht ausreichend kommuniziert, warum ein Social Intranet eingeführt wird und warum eine Einführung einer Social Intranet Lösung kritisch für das gesamte Unternehmen sein kann.

Middle management forgotten

Die Zielgruppe im mittleren Management, welche in den meisten Fällen am meisten und am ehesten von einer solchen Lösung betroffen ist, wird in den ersten Phasen in der Kommunikation völlig vergessen.

No real empowerment

Man hat als Unternehmen zwar eine klare Vision und kommuniziert diese auch an seine Mitarbeiter, versorgt sie aber nicht mit den notwendigen Freiheiten sich in den Netzwerken entsprechend zu bewegen. Es bedarf klar definierter strategischer Prinzipien, welche neben internen "Leitplanken" besser helfen als formelle Vorgaben.

Fragmented digital environments

Silo- und Bereichsdenken ist in vielen Unternehmen noch Alltag. Egal welche Unternehmensgröße man sich hier anschaut, ist ein teilweise interner Wettkampf unter den diversen Bereichen eines Unternehmens, noch trauriger Alltag. Trotz aller Bemühungen solche Hindernisse und interne Grabenkämpfe abzuschaffen, ist auch dies ein Unterfangen welches nicht von heute auf morgen erfolgreich abgeschlossen sein wird. Das Verständnis der Verknüpfung untereinander, mit Hilfe der bereits erwähnten Freiheiten und Richtlinien, gilt es noch stärker zu fördern.

A lot to learn about change

In der neuen Form der Zusammenarbeit lernt man sehr viel über die Verhaltensweise von Kollegen. Man sollte mit "operationalen" Gruppen beginnen und nicht mit organisatorischen Einheiten.

Hier geht es zur Präsentation Social Intranet (R)evolution at Enterprise 2.0 Summit von Jane McConnell auf Slideshare.

The social Intranet Workbook (Whitepaper)

Sehr gut zu dieser aktuellen Diskussion passt das von EPiServer CMS herausgebrachte Whitepaper mit dem Titel "The social Intranet Workbook - Harnessing the power of Enterprise 2.0". Ein sehr sehr umfassendes Whitepaper mit vielen Ansätzen, Informationen und Ideen zum Thema Enterprise 2.0 und Social Intranet.

Hier geht es zur Präsentation EPiServer Whitepaper: The Social Intranet Workbook von Elizabeth L auf Slideshare.

Atos plant Abschaffung der E-Mail - Projektmanager Robert Shaw im Interview auf der Webciety

Was steckt genau hinter der Abschaffung bei Atos

Das Atos die Abschaffung, zumindest der internen, E-Mail plant ist bereits seit längerem bekannt. Atos hat dies mit dem Worten "Wir werden die E-Mail abschaffen" angekündigt. In dem hier folgenden, während der Webciety aufgezeichneten Interview von Björn Negelmann, mit dem verantwortlichen Projektmanager Robert Shaw bekommt man nun ein etwas tieferen Einblick in das Vorhaben.
Wo sind Unterschiede zwischen der klassischen E-Mail und dem Umgang in Social Enterprise Lösungen?

Wie müssen CEOs und Unternehmensführung umdenken in der Art und Weise wie sie mit der Belegschaft kommunizieren? All diese Fragen und Neueurungen deckt Atos in einem großflächig angelegten Schulungsprogramm ab. Ein weiterer Erfolgsfaktor ist die konsequente Einbeziehung des Top Managements und aller anderen Bereiche des Unternehmens. "**Leadership from the Top show a great example**" nennt Shaw dieses Phänomen. Meetings finden ohne E-Mail statt und werden ohne E-Mail organisiert. Auch der Fortschritt während und nach Meetings wird nicht in E-Mails festgehalten oder kommuniziert. Zentral hinterlegte Dokumente sorgen dafür, dass zu **jedem Zeitpunkt alle Zugriff auf die benötigten Materialien** haben.

"**Communication will be two ways**" fasst Shaw die grundlegenden Veränderungen der bisherigen Kommunikation innerhalb (und später auch außerhalb) eines Unternehmens zusammen. Zusätzlich nutzt Atos Ambassadors/Volunteers um Mitarbeiter aller Hierarchien beim "Neuland Social Communication" zu unterstützen.

Die überzeugten Mitarbeiter unterstützen nicht so erfahrene Kollegen und leisten so weitere wichtige Überzeugungsarbeit.

Neben dem **Wandel der Kultur und der Einstellung**, ist auch das **korrekte organisatorische Setup** ein enormer Punkt der Herausforderung ein Unternehmen auf eine e-Mail freie Welt vorzubereiten. Hubert Tardieu, ebenfalls von Atos, beschreibt dies in einem seiner Blogpost Achieving a zero email culture is bureaucracy a showstopper wie folgt:

- Make the best use of the individual attention, given his/her context(location, schedule, device used as a terminal). Attention mismanagement is clearly a factor of stress and overload.
- Act as a fully integrated environment which can remain available whatever terminal you use (PC at work, Smartphone on the move, PC at home) and give access to all communication tools (Phone, Unified Communications, Rssfeed, video,..) without interrupting your session involving members of your community and documents.

Interview mit Dr. Schütt von IBM auf der CeBIT 2013

Enterprise 2.0 - Auf dem Weg zur lernenden Organisation

Was bei Enterprise 2.0-Projekten auf dem Weg zum Social Enterprise auch heraus kommen kann, darüber berichtet aktuell der PM-Blog. Der Artikel 'Durch Enterprise 2.0 zur Lernenden Organisation' und die dazugehörige Slideshare Präsentation verspricht in dem Fall was die Überschrift verspricht. Es geht nicht nur um Technik und die Umsetzung eines Projektes bzw. die Einführung einer Software. Es geht um die Philosopie des Unternehmens, seiner Mitarbeiter und seiner Werte. Ein Vorhaben, welches Zeit und Geduld benötigt. Denn auch wenn die Einführung schnell gehen mag, eine Änderung der inneren Einstellung und die Akzeptanz einer Social Software-Lösung ist wesentlich komplexer.

Zwei Aspekte aus dem Beitrag möchte ich hier gesondert erwähnen.
Durch Enterprise 2.0 können persönliche und organisationale Entwicklungsprozesse wesentlich unterstützt werden – hin zur lernenden, anpassungsfähigen Organisation.

Fazit: Bei Enterprise 2.0 geht es in erster Linie um einen Lernprozess. Dieser betrifft aber nicht “nur” die Ebene der Fähigkeiten (= *Lernen 1. Ordnung, single-loop-learning*), sondern auch – und darum geht es im Kern – die Ebene der Glaubenssätze und Werte (= *Lernen 2. Ordnung, double-loop-learning*).

Es geht um einen Lernprozess. Ein Prozess ist nicht in kurzer Zeit abgeschlossen. Ein Prozess braucht Zeit, Geduld und Fingerspitzengefühl um langfristig greifen zu können. Gerade wenn es, wie bei Enterprise 2.0, um Unternehmensweite Zusammenhänge und verzahnte Prozesse handelt.

Hier geht es zur Präsentation Enterprise 2.0 - Lernende Organisationen im Zeitalter der vernetzten Gesellschaft von Hagen Management GmbH auf Slideshare.

Der ideale Partner in der Unternehmenskommunikation - Der Firmenblog

"Warum Bloggen wichtig ist". So lautet aktuell die Überschrift eines Artikels der Computerwoche, in dem einige der Hauptargumente für Corporate Blogs aufgezeigt werden. Der Aussage, dass Blogs das ideale Mittel sind um diverse Kanäle zu bündeln, kann ich mich nur anschließen und möchte dies an dieser Stelle nochmals untermauern.

Als bekennender Blogger und Fan von Blogs, ist mir der Artikel "Warum bloggen wichtig ist" förmlich entgegen gesprungen. Blogs bieten die ideale Plattform um zum einen die **diversen Kanäle miteinander zu verbinden** und zum anderen **Mitarbeiter einfach und schnell einzubinden**.

Blogs werden oftmals noch mit dem Irrglauben abgetan, Blogs bringen nichts!. Dabei hat es überwiegend Vorteile, für alle Beteiligten, einen eigenen Blog zu betreiben.

1001Erfolgsgeheimnisse.com hat nun sechs der Hauptgründe zusammengestellt, warum es heute für Unternehmen wichtig ist zu bloggen. Meiner Meinung nach, kann es zukünftig noch viel bedeutender werden. die Bündelung sozialer Netzwerke ist hierbei nur ein Argument von vielen. Social Software und Social Networking sind aktueller denn je und unterstützen Unternehmen auf dem Weg zum "Social Enterprise".

6 gute Gründe für einen Firmen-Blog

1. Das Corporate Design: Meinen eigenen Blog kann ich viel schneller, leichter und unkomplizierter anpassen, als zum Beispiel meine Seiten in den sozialen Netzwerken. Habe ich ein Corporate Design, kann ich dieses auch auf meinem Blog anwenden. Das ist bei den social Networks ein Ding der Unmöglichkeit, das Firmendesign einfließen zu lassen. Ich kann meinen Blog, orientierend an meiner Zielgruppe, ausrichten und somit auch leichter Emotionen transportieren. Ich bin nicht auf die Guidelines eines Netzwerk-Anbieters angewiesen, sondern kann gestalterisch meine Wünsche frei umsetzen.

2. Der Suchmaschinen-Traffic: Binde ich meinen Blog auf der Webseite ein, fange ich auch den Suchmaschinentraffic ab, welcher ohne den Link zum Blog eventuell verloren gegangen wäre. Auch der Faktor des **Corporate Brandings**, durch den eingebundenen Blog auf der Webseite, sollte nicht unterschätzt werden. Eine statische Webseite ist, im Gegensatz zu einem eher **dynamischen Blog**, in der Regel weniger anziehend für Besucher. Bedingt durch technische Beschränkungen, ist es auf einem Blog leichter Features oder Widgets einzubauen. Es werden durch einen Firmenblog unter Umständen auch Interessen geweckt, welche ohne den Blog nicht zum tragen gekommen wären. Durch die leichte Einbeziehung der Mitarbeitern als Blogger, ist ein Blog wesentlich attraktiver und wird sich positiv auf das Branding des Unternehmens aus. Man könnte auch sagen, dass Mitarbeiter zu Markenbotschaftern werden.

3. Das Cross-Selling: Auf andere Produkte oder Services aufmerksam machen? Anzeigen in sozialen Netzwerken oder anderen Webseiten machen es möglich. Aber natürlich nur gegen Bares. In Blogs kann ich meine Promotion einbauen wie, wo und wann ich möchte, ohne einen Cent bezahlen zu müssen.

4. Das Expertenwissen und die Reputation: Jeder bloggende Mitarbeiter kann sich persönlich als Experte positionieren und sich so eine eigene Online-Reputation aufbauen. Ich kann auf diese Weise mich und meine Firma in der Öffentlichkeit bekannter machen und werde durch meine Leserschaft weiter empfohlen.

5. Detailliertere Beiträge: Anders auf den Social Media Plattformen wie Twitter, Facebook und Google+ kann ich im eigenen Blog detaillierter auf Themen eingehen. Reichen die 140 Zeichen bei Twitter nicht aus, verweise ich dort auf den wesentlich ausführlicheren Beitrag in meinem Blog.

6. Der Spaß! Vielleicht der wichtigste Punkt von allen bereits genannten. Es muss den Beteiligten Spaß machen. Jeder muss für dich selber davon überzeugt sein, dass bloggen sowohl dem Unternehmen etwas bringt als auch jedem persönlich. Denn in dem Fall, besteht auch kein Motivationsproblem. Es muss niemand überredet werden und Menschen bloggen, schreiben und berichten aus freien Stücken.

Enterprise 2.0 in deutschen Unternehmen auf dem Vormarsch? - Die aktuelle Bitkom-Studie sagt ja - Gartner sagt etwas anderes

Bitkom-Studie zeigt wo ITK-Unternehmen auf ihrem Weg zum Social Enterprise liegen - Zwei Welten wachsen zusammen

"Shareconomy" war unlängst das Leitthema der CeBIT 2013 in Hannover. Im Rahmen der Webciety wurden Themen wie "Arbeitsplatz der Zukunft", Social Intranets und Social Enterprise Networks in diversen Panel-Diskussionen thematisiert. Insbesondere in der Session "Arbeitsplatz der Zukunft", in dessen Rahmen auch die von der Arbeitsgruppe erstellen Thesen zur Einführung von Enterprise Social Business-Lösungen vorgestellt wurden. Leadership 2.0 und Enterprise 2.0 stellen Management und Belegschaft dabei vor neue Herausforderungen. Die aktuelle Studie der Bitkom und der Tübinger Agentur Storymaker, ist in dieser Hinsicht optimistisch. Gartner hingegen hat mit seinen Ergebnissen einer aktuellen Untersuchung dagegen für (negative) Aufregung gesorgt. Danach sollen bis 2015 ca. 80% der Social Business Vorhaben nicht zum Erfolg führen.

Nutzen und Implementierung von **Enterprise Social Networks** genießen in allen Brachen derzeit größte Aufmerksamkeit. **Social Business** - sowohl in der internen Nutzung als auch in der externen Kommunikation - stellt sich immer mehr als die **Arbeitsweise der Zukunft** heraus. Die im Privatleben und der persönlichen **(Echtzeit)-Kommunikation** immer an Bedeutung zunehmenden Vorgehensweise, gewinnt auch in deutschen ITK-Unternehmen (und nicht nur dort) immer mehr Befürworter. Eine starre Top-Down-Kommunikation via E-Mail, innerhalb von internen Bereichssilos, wird mehr und mehr als primäre Kommunikationsform abgelöst werden. Atos ist mit seinem zero-E-Mail- Projekt zwar eines der ambitionierteren Social Business-Vorhaben, zeigt aber den Trend auf, wo immer es geht die E-Mail in der internen Nutzung durch direkte, offene und transparente Methoden zu ersetzen. "Man solle mehr wagen" lautete unlängst der Aufruf von Stefan Pfeiffer, während eines CeBIT-Vortrages, an die deutschen Unternehmen was die Nutzung und das experimentieren mit Social Media angeht.

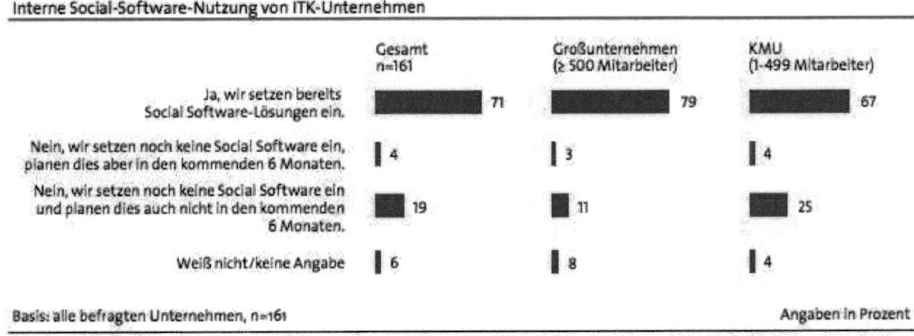

Interne Kommunikation mit Hilfe von Social Networking Software

Social Collaboration Plattformen machen **in der internen Kommunikation** meist den Anfang. Und das ist auch gut so!

Darf man der Studie glauben, was ich natürlich tue weil sie meine persönlichen Erfahrungen unterstreicht, ist gerade bei der internen Unternehmenskommunikation ist ein deutlicher Aufwärtstrend zu erkennen. **Social-Software-Lösungen** sind vor allem intern auf der Überholspur. Rund 71% der ITK-Unternehmen setzen nach eigener Auskunft bereits Tools wie Wikis, Blogs oder ähnliches ein. Und genau das ist der richtige Weg. Denn ich finde nach wie vor:"Social Media – Ohne Innen, kein Außen". Beides sind nur **Teile eines einheitlichen Social Media Auftrittes**.

Man kann sich nicht leisten, weder auf das eine noch auf das andere zu verzichten. Beschäftigt man sich als Unternehmen nicht mit der Entwicklung eigener Plattformen, werden Mitarbeiter in Versuchung geführt, externe Plattformen zu nutzen. Hierdurch ergeben sich schwerwiegendere Folgen für die Unternehmen, wie etwa keine Kontrolle, kein Zugriff und den teilweise nicht existierenden Datenschutz, als wenn man sich um die Entwicklung interner Tools bemüht. Wikis liegen aktuell mit 75% in der Gunst der Mitarbeiter ganz vorne.

Externe Kommunikation mit Hilfe von Social Media

Social Media scheint demnach in der **externen Kommunikation** der deutschen Unternehmen angekommen zu sein. Rund 77 Prozent setzen zum Zwecke der externen Kommunikation, etwas im Marketing, PR oder Human Resources auf soziale Medien und Internet-Kommunikation. Lediglich 8% der ITK-Unternehmen sind noch nicht auf den sozialen Medien vertreten oder befinden sich derzeit in der Planung. Großunternehmen sind aktuell die Vorreiter in Sachen Social Media und Social Enterprise. Während 72 Prozent der so genannten KMU mit Social Media arbeiten, tun dies 85 Prozent der Großunternehmen. Die Planungen der KMU's für den Einsatz von Social Enterprise Networks in den kommenden sechs Monaten, immerhin rund 14%, liegen dagegen vor denen der Großunternehmen. Hier planen lediglich 8% innerhalb der nächsten 6 Monate den Einsatz von **Social Software-Lösungen**.

Das man seinen Mitarbeitern für die Nutzung dieser Plattformen aber auch Zeit einräumen muss, ist immerhin bei 40 Prozent der Unternehmen auf der Agenda. Social Business, also den Einsatz von Social Media, Social Software und Social Networks zum Kommunizieren, Vernetzen und Informieren, sehen viele Unternehmen mittlerweile als wichtig genug an, um ihren Mitarbeitern offizielle Arbeitszeit dafür zu gewähren.
Bei 11% der Großunternehmen ist der Prozess bereits soweit fortgeschritten, dass sich Mitarbeiter ausschließlich darum kümmern dürfen.
161 Unternehmen der deutschen ITK-Branche haben an der Online-Befragung teilgenommen. 40 Prozent der befragten ITK-Unternehmen sind Großunternehmen mit 500 oder mehr Mitarbeitern, 60 Prozent der Unternehmen sind kleine oder mittlere Unternehmen (KMU) mit bis zu 499 Mitarbeitern. Wer die Bitkom-Studie herunterladen möchte, kann dies hier tun --> "Einsatz und Potenziale von Social Business für ITK-Unternehmen".

Ich wurde während der Webciety mehrmals in einigen meiner Beobachtungen und Meinungen bestätigt:

- Enterprise 2.0 Projekte sind keine reinen IT-Projekte und man sollte sich nicht nur auf die IT fokussieren
- Die Einführung von Social Enterprise Plattformen verlangt Zeit und Geduld des Managements
- Eine solche Einführung ist nie ganz abgeschlossen und ist erst dann erfolgreich, wenn sie durch die Mitarbeiter akzeptiert und genutzt wird
- Die Relevanz für jeden einzelnen Mitarbeiter ist entscheidend und trägt maßgeblich zum Gesamterfolg bei
- Bei vielen Unternehmen steht Facebook für Social Media und wird deswegen nicht weiter verfolgt
- Der Faktor Mensch, welcher bislang oftmals nicht den nötigen Stellenwert genossen hat, gewinnt immer mehr an Bedeutung. Denn "Social", egal ob intern oder extern, funktioniert nur mit und zwischen Menschen!
- Das Management der Zukunft muss die nötigen Freiheiten erlauben und diese Unternehmensweit kommunizieren. Das Management muss zulassen können und Mitarbeiter auf dem Weg zum Social Enterprise fördern und fordern. Es sollte keine Angst vor Machtverlust bestehen
- Redaktioneller Content wird mehr und mehr durch User generated Content ersetzt werden

Social Media im Tourismus - Feedback vom Kunden ist essentiell

Social Media in der Tourismusbranche

Social Media ist in vielen Branchen mittlerweile ein treibendes Thema. Eine Branche die bislang aber noch etwas außen vor war, nämlich die Tourismusbranche, zieht hier nun immer stärker nach.

Direktes Feedback und Dialog mit dem Kunden

Das sind die beiden **Hauptargumente**, die ein **Engagement im Social Web** für viele im Tourismus beheimatete Unternehmen unabdingbar machen. **Direktes Feedback und Dialog**. Der Kundenservice oder der Kundensupport ist ohnehin eines der Felder, in denen man mit Social Media als Unternehmen und als Kunden in nur kurzer Zeit große Veränderungen herbei führen kann. Aber warum ist der Dialog so ungemein wichtig und welche Möglichkeiten eröffnen sich einem damit?
Was macht Vergleichsportale so ungemein erfolgreich? Richtig! **Das Feedback und die Meinung(en) seiner Kunden**. Und genau das ist es, was es für andere Menschen vertrauenerweckend und glaubwürdig macht. Das ist die Meinung auf die ich als Kunden eher höre, als auf die vom Unternehmen selbst. Ich höre auch die Meinung "meines" Netzwerkes. Nicht unbedingt auf die des Herstellers. Die Meinung anderer Menschen entscheidet am Ende über Kauf oder Buchung. MENSCHEN! Ja, Social Media bedeutet Dialog zwischen Menschen. Die Meinung eines Kunden, macht Social Media für ein Unternehmen so wertvoll. Wertvoll deshalb, weil sie ehrlich und direkt ist. Wenn sich Unternehmen auf diesen Dialog einlassen, gewinnen beide Seiten.

Das Unternehmen kann, wenn richtig mit dem Feedback und der Meinung umgegangen wird, seinen Service oder seine Produkte verbessern. Der Kunde kann direkten Einfluss nehmen indem er durch sein Feedback dafür sorgt, das Service oder Dienstleistung besser wird. Oder aber er sorgt durch sein Feedback, über das Hotel beispielsweise in dem er den letzten Urlaub verbracht hat, für eine gute oder schlechte Bewertung auf einem der Bewertungsportale. Somit liegt der Erfolg oder aber der Misserfolg von Unternehmen in den Händen der Kunden. Jetzt könnte man sagen, dass dieser Umstand nichts neues ist. Das stimmt. Was aber neu sind die Dimensionen in denen sich der Dialog abspielt. Offen und transparent für den Rest der Welt.

Und genau diese Dimensionen sind es, warum sich Unternehmen dem Social Web gegenüber öffnen müssen.

Die Gefahren sich dem gegenüber zu verschliessen sind größer, als sich dem Dialog zu stellen. Offen und ehrlich in den Dialog einzusteigen und die Chance zu sehen. Die Chancen FÜR
Unternehmen und nicht die Gefahren zu sehen.

Ein Satz einer Session auf der Social Media Week ist mir in diesem Bezug im Kopf geblieben: "Was wenn ich ein Arschloch bin? Das kommt raus!".

Hier geht es zum Video Enterprise 2.0 im Tourismus: Tourismuscamp 2012 auf youtube.

Kundenservice bei der Deutschen Bank - Service-Angebot wird erweitert

Neues Service-Angebot im Bereich Kundenservice

Kundenservice ist wie bereits oft erwähnt einer der besten Ansatzpunkte für Unternehmen, um sich mit dem Thema Social Media zu beschäftigen. Entweder erweitert man den bestehenden Service über die Social Media Plattformen wir Facebook und Twitter, oder aber man richtet gänzlich neue Kommunikationswege über die Social Media Kanäle ein. Ich bin nach wie vor der Meinung, dass alleine diese Tatsache einen ausreichenden Grund für ein Social Media Engagement vieler Unternehmen rechtfertigen würde. Leider wird diese Chance näher an seine Kunden zu kommen, zu selten genutzt. Entweder bewusst oder unbewusst. Beider ist aber auf lange Sicht gesehen, ein eklatanter Fehler. Für beide Seiten. Die Unternehmen und den Kunden.

Wie im Beitrag **Kundenservice via Social Networks – Deutsche Bank startet Social Media Offensive** berichtet, hat sich die Deutsche Bank bewusst für ein **stärkeres Engagement bzgl. Kundenservice im Social Web** entschlossen. Denn mittlerweile ist bewiesen, dass der **Kundenservice über Social Networks und Communities** die Reputation und die Beurteilung von Unternehmen beeinflussen.

Wie im Beitrag **Support Communities als Instrument des Kundenservice: Social Media is coming home** beschrieben, bestehen im **Bereich Kundenservice die größten Potentiale.** "Social Media is coming home" trifft den Nagel auf den Kopf, denn um was geht es bei Social Media? **Um Dialog und Kommunikation zwischen Menschen.** Im Idealfall also zwischen dem Kunden und dem Serviceteam eines Unternehmens. Die Telekom und die Deutsche Bahn, um an dieser Stelle die vielleicht bekanntesten Beispiel zu nennen, machen es bereits seit langem vor. Der bestehe **Service wird auf die neuen Zielgruppe angepasst** und **bedarfsgerecht erweitert.**

Deutsche Bank macht nächsten Schritt im Kundenservice

Im Falle von **Serviceanfragen** seiner Kunden, will es die Deutsche Bank seinen Kunden noch einfacher machen. Auch im Bereich Social Media soll es nicht am **persönlichen Kontakt** zwischen Kunden und Bank fehlen. Anfragen auf den beiden **Social Media Kanälen Twitter und Facebook** werden umgehend beantwortet. Kann eine Frage nicht direkt beantwortet werden, wird dem Kunden der richtige Ansprechpartner vermittelt. So der Plan des Social Media Teams der Deutschen Bank.
Hier geht es zum Video auf youtube.

Kundenservice via Social Networks - Ein aktueller und wichtiger Trend

Unternehmen sollten diesen **Trend**, des **Services über Social Networks**, weder unterschätzen noch verpassen. Salesforce.com berichtet aktuell ebenfalls über die **Chancen des neuen Kundenservices** und zeigt Wege auf, wie dies am besten umzusetzen ist. Vielen Unternehmen ist weder der Trend noch die Tools bekannt, welcher man sich bedienen kann um seinen **Kundenservice entsprechen erweitern oder anpassen** zu können. Der Titel "**Analyse eines erfolgreichen Kundenservices in sozialen Netzwerken - So begeistern Sie Ihre Kunden in sozialen Medien**" hält in jedem Fall was er auf den ersten Blick verspricht. Er zeigt den **Lifecycle eines Service Tweets**, angefangen beim Senden bis hin zur Klärung des Problems incl. der zur Verfügung stehenden Tools.

Egal ob man nun Salesforce, Radian 6 oder irgendein anderes Tool nutzt oder nutzen möchte. Der Gedanke dahinter sollte bei Unternehmen ankommen.

Die Nutzung dieser Kanäle als **Mittel mit dem Kunden in den Dialog zu kommen**, den **Service zu verbessern**, die **Produkte oder Dienstleistungen zu verbessern** oder das **Ansehen des Unternehmens** nachhaltig zu beeinflussen. Messen und kommunizieren kann man auch mit vielen anderen Tools. Dazu muss es am Anfang kein kostenpflichtiges Tool wie Radian 6 sein, sondern es würden einfachere und kostenlose Tools wie exd,esd oder zxy genügen um den Einstieg zu wagen.

Alles in allem also Gründe, die keinem Unternehmen egal sein sollten.

[Update 18.02.2013]Eine sehr schöne und ausführliche Erläuterung über die Zusammenhänge Social Media und Social Business, sind aktuell in der Huffington Post zu finden. Alistair Rennie, General Manager Social Business IBM, liefert unter der Überschrift What's the Difference between Social Media and Social Business? einiges an Material, Überlegungen und Erklärungen, welches für Unternehmen mittel- bis langfristig von Bedeutung sein werden.

Hier finden Sie die Ergebnisse einer durch Salesforce erstellen Studie zum Thema "Analyse eines erfolgreichen Kundenservices in sozialen Netzwerken".

Social Enterprise - Business and People - Zusammenführung von Mensch und IT

It's not about IT - Erfolgsfaktor Mensch

Unabhängig von der Größe des Unternehmens und dem geplanten Umfang von Enterprise 2.0-Initiativen, wird ein Punkt oftmals vergessen. Ok, vielleicht nicht vergessen aber dennoch unterschätzt. Der Mensch! Es geht, egal ob intern bei Enterprise 2.0 oder extern im Bereich Social Media, immer um Menschen. Den Dialog zwischen Menschen!

Und so ist es auch kein Wunder, dass der Mensch einer der entscheidenden Erfolgsfaktoren in diesen Bereichen darstellt. Intern als auch extern.

ReThink your work

Frédéric Williquet, Business & People Interactions Architect, hat dies in den aktuellen Slideshare-Folien sehr schön zusammen gefasst. "We need to rethink the way we work" verlangt Williquet und spricht mir mit dem Satz "But don't think Software is enough" aus der Seele. Man kann nicht immer wieder hervor heben, dass es sich bei Social Enterprise, Enterprise 2.0 oder internen sozialen Netzwerken nicht (ausschliesslich) um ein reines IT-Projekt handelt. Es bedarf nicht nur der Installation einer neuen Software. Erst wenn die Menschen den Sinn und ihren Mehrwert sehen, werden sie das Tool nutzen und es zum Erfolg machen. Dieser Ansatz wird sehr schön durch den Blogpost Erfolgsfaktor Mensch beim Enterprise 2.0 Projekt von Sebastian Thielke untermauert. Es geht um Menschen! Um Menschen die miteinander kommunizieren.
Darum bitte nie denjenigen vergessen, der am Ende über die erfolgreiche Einführung der neuen Enterprise Social Networks entscheidet. Auch hier gilt. Egal ob intern oder extern.

Den Menschen!

Hier geht es zur Präsentation Business and People Interaction Architecture von Frederic Williquet auf Slideshare.

CeBIT 2013 - Shareconomy als Leitmotiv - Die IBM verlangt "ReThink your Business"

Vom 05.-09. März 2013 öffnet die CeBIT wieder ihre Tore auf dem Messegelände in Hannover. Das Leitthema der CeBIT 2013 lautet treffender Weise "Shareconomy", welches dem aktuellen Trend des vernetzten und transparenten Arbeiten wiederspiegelt. Enterprise 2.0, Social Business oder Social Enterprise Networks sind hier die treibenden Themen. Social Networking kommt in immer mehr Unternehmen an und Social Marketing Kampagnen lösen bisherige Marketing Kanäle ab. Die IBM Deutschland hinterfragt dagegen mit ihrem Motto "ReThink our Business" die Geschäftsmodelle seiner Besucher und 'packt das Problem' bei der Wurzel.

Wie passen Unternehmen ihre existierenden Geschäftsmodelle- und Prozesse an die, sich immer schneller verändernden Begebenheiten, an? Was genau sich hinter dem Motto der IBM verbirgt, erläutert Martina Koederitz, Vorsitzende der Geschäftsführung der IBM Deutschland GmbH, im Interview mit der Computerwoche.

Begleitend zu den "Big four" Themen wie **Big Data**, **Social Business**, **Mobility** und **Cloud**, geht die IBM dem heutigen Prozessen und Geschäftsmodellen etwas genauer auf die Spur. **Unternehmen müssen heutzutage anders, schneller und agiler** als noch vor wenigen Jahren **auf Änderungen** des Marktes **reagieren**. Der **Chief Marketing Officer (CMO)** wird zukünftig mehr und mehr in den Vordergrund rücken und andere im höheren Management angesiedelten Positionen überlagern.
Wie bereits die **IBM CIO Studie** belegt, sind die "Kämpfe", welchen sich Unternehmen gegenüber gestellt sehen, völlig andere als in der Vergangenheit. Es ist zwar ist es so, dass sich derzeit lediglich 16% der insgesamt 1709 weltweit befragten CEOs aktiv im Bereich Social Media beteiligen, aber die **Analyse der Studie** zeigt, daß sich die Prozentwerte innerhalb der nächsten 5 Jahre auf 57% vervielfachen werden. Die Dauer von 5 Jahren dürfte aber mittlerweile deutlich reduziert werden, durch den rasanten Erfolg derer die sich bereits heute aktiv beteiligen und Erfolge erfahren.

Ein weiterer wichtiger Aspekt ist, die **Änderung des Kunden**. Der Kunde von heute ist bereits vor Kontakt mit einem Unternehmen oder Dienstleister**deutlich aufgeklärter** und **informierter**. Das ist gut für den Kunden, stellt aber Unternehmen vor deutlich geänderte Ansprüche.
Daher muss das Motto für viele Unternehmen gerade jetzt "ReThink your Business" lauten. Wenn nicht jetzt, könnte es schnell zu spät sein. Aber sehen und hören sie selbst!
Hier geht es zum Video “IBM Mobile Business: More Than Devices, It's The Data Between Them” auf youtube.

Teilen statt Herrschen! Die neue Angst die Macht zu verlieren

Vernetzung als Chance begreifen!

Die Vernetzung und die Teilung des Wissens werden immer mehr zu essentiellen Bestandteile erfolgreicher Unternehmen. Egal ob mittelständisches Unternehmen aus der Region oder ein international agierender Global Player. Das vorhandene Wissen zentral zur Verfügung zu stellen und im Sinne des Unternehmens bestmöglich anzuwenden, ist der entscheidende Erfolgsfaktor der Zukunft. Das vorhandene Potential muss besser ausgeschöpft werden. Für beide Seiten!

Denn Unternehmen und Angestellte profitieren beider Maßen dabei. Das ist ein oftmals ein Umstand der bei Enterprise 2.0, Social Business oder Social Intranet-Lösungen und Überlegungen häufig nicht gesehen wird.

Interne soziale Netzwerke sind auf dem Vormarsch. Zumindest wenn man den Planungen und Aussagen der Manager vertrauen möchte. Das ist eine der entscheidenden Aussagen aus der aktuellen **Studie "Social Intranet 2012"** hervorgeht. Lutz Hirsch, Inhaber und Executive Partner der Hamburger Agentur Hirschtec, hat mit seinem Team 289 Presseverantwortliche in deutschen Unternehmen zur **Intranet Nutzung** und **Einsatzformen** befragt. Wie wird die Zukunft der internen, aber auch der damit verbundenen externen, Kommunikation aussehen? Im **Interview mit dem PR-Report** erläutert Lutz Hirsch die Ergebnisse der **Studie** im Detail. Wie ich finde sind hier sowohl ein paar nie veraltende Argumente für Enterprise 2.0, als auch interessante Fakten zur Entwicklung von internen sozialen Netzwerken zur internen Kommunikation, enthalten.

Fazit: Es geht über lang oder kurz nicht mehr ohne! Ohne Netzwerk! Ohne Wissensmanagement! Ohne Eigeninitiative des Managements!

Nicht umsonst steht die **CeBIT 2013** in Hannover untern dem Motto "Shareconomy" und das **CeBIT-Motto der IBM Deutschland** "Rethink your Business".

Wie gewohnt möchte ich in diesem Post auf einige, der für mich prägnantesten, Punkte ein wenig näher eingehen.

Das Intranet wird nicht als geschäftsstützende Plattform gesehen und daher vernachlässigt. Hier überwiegt eben der Anspruch: Die Mitarbeiter sollen arbeiten und nicht surfen!

Natürlich kommt es hier im Einzelfall auf den Job und die Funktion an, aber ein generelles Verbot des Internets birgt mehr Gefahren, als das es Vorteile bringt. Man wird die Nutzung von Social Networks während der Arbeitszeit, eben durch die Nutzung von mobilen Endgeräten, heutzutage nur noch schwer kontrollieren können. Macht man den Rechner am Arbeitsplatz "zu", bestehen mehr Möglichkeiten als einem vielleicht lieb sind, um dennoch ins Netz zu kommen. Zum anderen beraubt man sich der Möglichkeit, dass Arbeitnehmer als Gesicht des Unternehmens in der Öffentlichkeit auftreten. Ein wichtiger Schritt wenn man sein Image in der Öffentlichkeit nachhaltig und authentisch prägen möchte. Mitarbeiter werden immer mehr zum "Aushängeschild" der Unternehmen. Stichwort Ich bin Pressesprecher?!. Diesen Aspekt haben noch zu wenig Unternehmen für sich entdeckt.

Unternehmen scheinen sich vorsichtig dem Thema zu nähern und wollen die Mitarbeiter nicht mit Funktionen überfordern.
Geht es um die Einführung von sozialen Funktionen, ist es in jedem Fall ratsam die User nicht mit zu vielen (der vielleicht verfügbaren) Funktionen einer Plattform des Social Intranets zu "überfahren".
Collaboration Management, also die **Verbesserung der Teamarbeit und des Wissenstransfers**, steht ganz oben auf der Liste der Zielsetzung von **Social Intranets bei Unternehmen**. Worin bestehen hier die konkreten Vorteile aus kommunikativer Sicht?

Hirsch: Hier beobachten wir in unseren Projekten **zwei Strömungen**. Zum einen arbeiten die Mitarbeiter in Unternehmen mehr und mehr **projektorientiert** und fordern eine adäquate **virtuelle Arbeitsumgebung** ein. Viele kennen aus dem Studium und dem privaten Umfeld Google Docs, Skype und diverse Plattformen für das Projektmanagement. Ähnliche Lösungen werden auch im Unternehmen erwartet.

Wir stellen fest, dass **Projekte mit diesen Tools viel effizienter arbeiten und schwierige Situationen gerade auch durch die neuen transparenten Kommunikationsmittel viel besser bewältigt werden. Wichtige Informationen** landen nicht mehr per Mails in persönlichen und damit für andere unerreichbaren Postfächern, sondern werden auf Messaging Boards gepostet und **für alle sichtbar** und **nachvollziehbar** hinterlassen. **Transparenz statt Herrschaftswissen, Problemlösung statt Taktieren** - das ist die Art der Offenheit, mit dem auch die Unternehmenskommunikation umgehen muss.

Die zweite Strömung betrifft die Erkenntnis, dass **Wissen nicht formalisiert über Dokumente** verbreitet werden kann, sondern immer **zwischen Menschen ausgetauscht** wird. **Virtuelles Networking analog zu Xing oder Facebook hilft, Wissensträger schneller zu finden** und **Erfahrungen auszutauschen**. Wir kennen Beispiele, da haben Mitarbeiter über Monate vergeblich versucht auf klassischem Weg mit Kollegen in Kontakt zu treten und sind dann über eine einfache Statusmeldung 'Bin morgen im Zug nach Essen' spontan von dem gesuchten Experten ins Bordbistro eingeladen worden. Besser geht's doch nicht!

Besser könnte man es kaum ausdrücken! Hier werden so viele gute Argumente für ein Enterprise 2.0-Engagement geliefert, dass es kracht! Die oberste Zielsetzung, den Wissenstransfer und die Teamarbeit verbessern zu wollen, wird nur über eine solche Struktur erreicht werden können. Ich kann nur Verbesserungen in Projekten einfahren, wenn offen kommuniziert wird und andere von bereits erlebten Situationen profitieren können. Das Herrschaftswissen muss der Transparenz weichen und die Mentalität einer offenen und Hierarchielosen Kommunikation muss sich entwickeln.

Nutzer von Social Intranets sind laut Ihrer Umfrage potenziell zufriedener als Nutzer eines klassischen Intranets. Was sind die Hauptgründe dafür?

Hirsch: Das liegt klar an der einfacheren und intuitiven Oberfläche dieser Lösungen.

Die Technologie orientiert sich an den gelernten Internet-Standards und trifft so auf eine deutliche höhere Akzeptanz.

Es macht einfach mehr Spaß, mit diesen Plattformen zu arbeiten. Mitarbeiter lieben es auch, sich endlich kommunikativ einbringen zu können und fühlen sich mehr geschätzt.

Wann steigt normalerweise unser Selbstwertgefühl? Genau! In dem Moment wo ich mich wahr- und ernstgenommen fühle. Ich bin Teil vom Ganzen und kann aktiv an etwas teilnehmen und es beeinflussen. Ich werde gesehen! Mein Wissen und meine Arbeit wird honoriert. In diesen Momenten steigt auch die Motivation. Nicht nur die Motivation sich aktiv zu besteiligen, sondern auch die Motivation im Job und für eventuelle Mehrarbeit.

Das Thema Change Management wird immer wieder im Zusammenhang mit einer erfolgreichen Einführung von Social Intranets genannt. Warum?

Hirsch: Oh, ein ganz, ganz wichtiger Punkt. Die Begleitung von Veränderungen wird leider immer wieder vernachlässigt. Mit dem Social Intranet ergeben sich ganz neue Optionen, wie mit Informationen, Dateien und Kommunikation umgegangen werden kann. Schicke ich jetzt die Datei als Anhang, oder doch lieber den Link auf die Datei in der virtuellen Ablage? Schreibe ich jetzt eine Statusmeldung oder informiere ich mein Team über den klassischen Mail-Verteiler? Das sind ganz einfache Beispiele, die aber zeigen, dass Mitarbeiter immer wieder in den neuen Möglichkeiten gecoacht werden müssen. Passiert das nicht, werden einfach alte Kanäle weiter genutzt. Das Social Intranet ist dann nur noch ein weiterer Baustein zur Informationsüberflutung. Und die will man ja vermeiden.

Ein wie ich finde sehr wichtiger Punkt. Es muss ein umdenken stattfinden, wie man Dinge adressiert. Nicht zuletzt deswegen ist Enterprise 2.0 ein Weg, die E-Mail Flut einzudämmen. Man wird sie nicht gänzlich ablösen können, aber man kann sie auf ein Minimum dessen reduzieren was dann auch per E-Mail bearbeitet werden kann. Man wird die Vielzahl an Informationen die jeden von uns erreichen, zukünftig besser filtern müssen um den Mehrwert ausschöpfen zu können.

Immerhin 24 Prozent der Führungskräfte steuern laut Ihrer Umfrage überhaupt keine Inhalte zum Intranet bei. Wie beurteilen Sie das?

Ein nicht zu unterschätzender Aspekt in einer offenen und mit flachen Hierarchien versehenden internen Kommunikation. Die Vorbildfunktion des leitenden Managements. Leider wird diese Rolle derzeit noch zu selten wahrgenommen. Den direkten Kontakt zur Belegschaft wollen vielleicht auch nicht alle, gerade weil es ein in beide Richtungen offener Dialog ist. Es ist nicht mehr zwingend der Monolog der Unternehmensführung, welcher im Intranet veröffentlicht wird und, im besten Falle, durch die Belegschaft zur Kenntnis genommen wird.

Es gibt also genug gute Gründe sich als Unternehmen damit zu beschäftigen und endlich von Vorteilen der vernetzten internen Kommunikation zu profitieren. Denn dann sollte auch die externe Kommunikation über die Social Media Plattformen besser laufen! Denn: Ohne Innen, kein Außen.

Blogs bringen nichts! - Ein weit verbreiteter Irrglaube wie die Deutsche Telekom zeigt

Mitarbeiterblogs bei der Deutschen Telekom

Das Blogs nach wie vor eine sehr feine Sache sind, habe ich erst vor kurzem im Post Corporate Blogs – Kommentare erwünscht! zum Ausdruck gebracht. Es herrscht aber noch immer die Meinung vor, dass Blogs weder intern noch extern etwas bringen. Dem ist bei Leibe nicht so. Ganz im Gegenteil!

Ich bin nach wie vor und mit steigender Begeisterung ein Fan von Blogs. Nicht zuletzt deswegen betreibe ich meinen Blog. Weil ich davon überzeugt bin.

Interessante Einblicke in die interne Verwendung von Blogs liefert nun (ok die Slides sind schon etwas älter) der Deutschen Telekom. Sie zeigt hier sehr schön einige Beispiele für die (interne) Verwendung von Blogs und was sie bringen können.

Habt ihr noch weitere Beispiele von Blogs, welche als Vorzeige-Beispiel dienen könnten? Ich bin gespannt auf eure Kommentare!

Hier geht es zur Präsentation Erfahrungsschatz für interne Social Media Projekte: Mitarbeiterblogs bei der Deutschen Telek om auf Slideshare.

McKinsey Quarterly - An interview with Don Tapscott - Interne Zusammenarbeit der Zukunft

Making internal collaboration work - Interview mit Don Tapscott

Interne Kommunikation und die interne Zusammenarbeit sind die Themen der Zukunft. Don Tapscott, Professor für Management an der *Joseph L. Rotman School of Management* der University of Toronto und Autor, umschreibt die zukünftige Entwicklung der internen Kommunikation und Kollaboration wie folgt:"...effective knowledge management within enterprises requires replacing e-mail with social media". Aber ist das in der Tat der richtige und derzeit notwendige Schritt? Generell schon! Es gibt sowohl kulturelle, technische als auch wirtschaftliche Unterschiede zwischen Europa und den USA. Dennoch sind Themen wie Social Enterprise und Enterprise 2.0 zwei der wichtigsten Themen der nahen Zukunft.

The train has left the station

Besser als mit diesem Satz könnte man es wohl kaum umschreiben. Der Zug hat den Bahnhof verlassen und wir werden auch nicht mehr umdrehen. Wer sich nicht nur das Video anschauen möchte, sondern auch noch das dazugehörige Script lesen möchte, findet alles zusammen auf der Seite von McKinsey Quarterly. **Ich möchte hier aber einige der, für mich persönlich wichtigsten, Key-Aussagen hervorheben.**

We need to look beyond E-Mail

Atos geht hier zwar einen ambitionierten Weg mit der zero-mail Aktion, aber sie werden nicht die letzten sein, die sich mit **Enterprise 2.0-Lösungen** beschäftigen werden. Wie gesagt halte ich es für, zumindest in Deutschland, mittelfristig für nicht realisierbar gänzlich auf E-Mails zu verzichten.

Eine sinnvollere Nutzung von E-Mails sollte aber ins Bewusstsein der Menschen gebracht werden. Dennoch geht der Weg definitiv in Richtung **Social Enterprise**. **It's a new way of collaborative decision management.** Durch die **Offenheit und Transparenz** können Entscheidungen unter Umständen besser, schneller und qualitativ hochwertiger getroffen werden.

Talent begins to work in the new Enterprise operating system

Menschen werden in der Masse der Belegschaft sichtbar und gewinnen an Ansehen. Die persönliche Reputation jedes einzelnen nimmt zu und jeder fühlt sich mehr wahr- und ernstgenommen als in den alten Kommunikations-Mustern. Man bekommt das Gefühl Teil des Ganzen zu sein, weil sich jeder aktiv beteiligen kann. Ich kann als Mitarbeiter mein Talent zeigen, was in der alten Welt so vielleicht niemand wahrgenommen hat. Ich bekomme ein anderes Standing und werde durch ebenfalls öffentlich geäußertes Lob weiter motiviert. Ich kann mein Wissen, meine Expertise zeigen und mich auf diesem Gebiet als Experte positionieren.

Knowledge Management often fails because we think the most valuable knowledge for the company is inside the firewall

Auch das Wissen der Mitarbeiter welches nicht zwingend auf interne Dinge abzielt ist von großem Wert. Das Wissen eines Unternehmens ist nicht hinter der Firewall isoliert oder gar gefangen.

Knowledge is build by collaboration

Wissen im Enterprise-Sinne entsteht aus dem Wissen aller Mitarbeiter und wird durch Kommunikation untereinander weiter ausgebaut.

The Senior Management needs to actively work this new style of working and has to support it

Auch wenn es selbstverständlich sein sollte, ist es einer der entscheidenden Punkte. Sowohl vor der Implementation als auch danach. Die Unterstützung des Managements! Das betrifft die interne Kommunikation als auch die eventuell später folgenden externe Kommunikation mittels Social Media.

Interview der Social Media Akademie (SMA) mit Dr. Willms Buhse

Dr. Willms Buhse, Inhaber der Unternehmensberatung doubleYUU, erklärt im Interview mit Milena Schlie, Lehrgangsleitung der SMA, was das Web 2.0 für Unternehmen bedeutet und wo Unternehmen ansetzen sollten. doubleYUU hat sich als Unternehmensberatung das Ziel gesetzt, Unternehmen bei der Strategie- und Ideenentwicklung auf dem Weg zum Enterprise 2.0 zu unterstützen. Eine nachhaltige Web 2.0 Strategie interagiert zwischen der internen und externen Kommunikation.

Deshalb liebend gerne auch an dieser Stelle nochmals der Link zum Beitrag Social Media – Ohne Innen, kein Außen, in dem es genau um diese Thematik geht. Ich kann nach außen nur authentisch sein, wenn eine ebenso offene und transparente Kommunikation ohne große Hierarchien herrscht. Außerdem ist es nicht in erster Linie ein IT-Projekt, wie ebenfalls bereits im Beitrag Social Media in Unternehmen – Chancen und Risiken neuer Kommunikationsformen erläutert.
Hier ein Zitat aus dem oben genannten Post, welches den Nagel wie ich finde ganz gut auf den Kopf trifft.

Was Social Media nicht ist! – Nicht nur Technologie, sondern Online Services.

Social Media ist nicht primär eine Frage der IT. SIch für Social Media zu entscheiden ist vielmehr eine prinzipielle und strategische Entscheidung, die sich bietenden Möglichkeiten aktiv zu nutzen. Mit zu spielen und nicht anderen "kampflos" die Meinung über sein Unternehmen bilden zu lassen. Welche Social Media Plattformen mm Ende genutzt werden, steht auf einem anderen Blatt. Social Media bedeutet ebenfalls nicht die Aufgabe der eigenen Webseite! Es ist gar nicht lange her, da gingen viele Meinungen hin zur Abschaffung der eigenen Webseite. Man könne dies ebenso gut auf einer der Social Media Plattformen realisieren. Schon damals war ich, wie sich heute heraus stellt zu Recht, anderer Meinung. Die eigene Webseite sollte den Mittelpunkt sämtlicher Online-Aktivitäten darstellen. Sinnvoll mit anderen Social Media Networks wie zum Beispiel Facebook, Twitter oder Google+, ist man auf seiner eigenen Webseite sein eigener Herr. Man kennt und verantwortet die
IT-Infrastruktur und ist nicht von Dritten abhängig.

Hier geht es zum Video "Web 2.0 Strategie und Unternehmenskultur Willms Buhse" auf youtube.

re:publica 2012 - Sascha Lobo - Der Blog ist die Lösung .... auch für euch

Nachdem ich heute meinen Blogpost Corporate Blogs – Kommentare erwünscht! gepostet hatte, habe ich auf Facebook den Post Über die Autarkie des Blogger-Daseins von Gunnar Sohn gefunden. Ich möchte euch das dort verlinkte Video nicht vorenthalten, weil es wunderbar die Idee meines letzten Blogposts untermauert. Ein Video von Sascha Lobo von der re:publica 2012, in dem er sich verstärkt für **mehr Blog-Arbeit** ausspricht und das **Jahr 2012 zum Jahr des Blogs** ernennt.
Hier geht es zum Video "re:publica 2012 - Sascha Lobo - Überraschungsvortrag" auf youtube.

Corporate Blogs - Kommentare erwünscht!

Die soziale Webseite und Unternehmens-Blogs

Corporate Blogs oder die soziale Webseite. Zwei Themen die noch immer für Diskussionen sorgen, wenn man heutzutage über Social Media im Unternehmenskontext redet. Die Unternehmens-Website anzupassen ist ein Aspekt dabei. Welche Kanäle baue ich aber wie mit ein, wie verbinde ich welche Kanäle miteinander? Wäre ein Blog etwas für mich und mein Unternehmen? Habe ich eine Kommentarfunktion auf meiner Webseite? Alles Fragen bei denen die Antworten von Unternehmen zu Unternehmen individuell anders ausfallen können. Zumindest würde es mich wundern, wenn sie dies nicht tun. Aber gibt es eine Antwort auf all diese Fragen. Ja! Aber keine die auf alle Unternehmen gleichermaßen zutrifft.
Den Punkt der auseinander gerissenen Kommunikation, über die verschiedenen Kanäle hinweg, hat mich seit dem Artikel von Johnny Haeusler sehr nachdenklich gemacht.

Grundfunktionen- und Bedürfnisse des Social Web

Ich bin schon lange ein großer Fan und Befürworter einer **sozial erweiterten Webseite**. Sprich, die Kanäle auf denen ich als Unternehmen unterwegs bin sollten sich auch auf meiner Webseite wieder finden.

Egal ob privat oder im beruflichen Umfeld. Auf meiner eigenen Webseite habe ich alle Möglichkeiten und Fäden in der Hand. Ich bin mein eigener Herr. Ich bin nicht wie bei Facebook, Twitter & Co von anderen Anbietern abhängig. Genau aus diesem Grund habe ich mich vor einiger Zeit dazu entschlossen, genau diese Seite - schulzekopp.de - zum **Mittelpunkt meiner Aktivitäten im Social Web** zu machen. Ich möchte dadurch all meinen Gedanken und Posts einen "Heimathafen" geben. Nichts desto trotz sind alle anderen Plattformen auf dieser Seite eingebunden. Egal ob Facebook, Twitter oder Google+.

In den letzten Tagen haben mich allerdings einige Artikel zum Thema **Corporate Blogging** zum nachdenken gebracht. Zum Beispiel der von Viktor Dite mit dem Titel Luxusgut Social Media und Corporate Blogging. Es zeigt einige der Wege auf, durch Corporate Blogging die **Social Media Aktivitäten des Unternehmens** mehr in den Mittelpunkt zu stellen. **Blogs bieten hier eine gute, schnelle und nachhaltige Lösung**.

Der Dialog - Back to the blogs

Ein Artikel hat mich aber am meisten zum Überlegen gebracht. Und zwar der von Johnny Haeusler mit dem schönen und treffenden Titel Kommt zurück in die Blogs! aus dem Tagesspiegel. Warum aber hat gerade dieser Artikel mich am meisten angesprochen? Weil er einen Aspekt anspricht, an den ich bis dato noch nicht gedacht habe und welcher an Bedeutung gewinnt, je länger ich drüber nachdenke.

Inhalte und Diskussionen verschwinden im Netz immer stärker hinter den Mauern sozialer Netzwerke. Die Folge: Das wirklich öffentliche Internet verarmt, und wir werden abhängig von Großunternehmen.

Und das ist in der Tat so. Welchen Zweck verfolge ich mit meiner Webseite? Baue ich eine Kommentarfunktion ein? Wenn ja, soll diese auch über die Plattformen hinweg erfolgen?Biete ich auf meiner Webseite/Blog auch all meine social Networks an?

In erster Linie sollte es um den offenen und transparenten Dialog gehen, zudem in jedem Fall auch die Möglichkeit gehört kommentieren zu können. Aber wo ist dieser Dialog langfristig richtig aufgehoben? Ist es der richtige Weg, die Diskussion in die sozialen Netzwerke zu verlagern?

Zwei Herzen schlagen in meiner Brust

Ein schwieriges Thema wir ich finde, aber ebenso eine durchaus berechtigte Frage. Und ich gebe zu, auch in diesem Fall schlagen zwei Herzen in meiner Brust. Ich bin auf der einen Seite ein Freund, Fan und Befürworter der sozialen Netzwerke. Auf der anderen Seite finde ich aber auch, dass die Diskussion zu einem Blogpost in erster Linie auf der Seite stattfinden sollte, wo sich der Artikel befindet. Warum schreibe ich denn einen solchen Post? Ich möchte anderen meine Meinung mitteilen und im Idealfall darüber mit anderen ins Gespräch kommen. Eine Diskussion führen. Das ist ehrlich gesagt nicht in allen Fällen machbar. Egal ob aus technischen Gründen oder aus unternehmerischen Gründen. Aber genau hier wäre der ideale Platz um eine Diskussion, im Kontext des Artikels, zu führen. Dieser Kontext geht heutzutage immer mehr verloren.
Auf der anderen Seite stellt man aber fest, dass der echte Dialog zum Artikel zum überwiegenden Teil in sozialen Netzwerken stattfindet. Wird ein Artikel bei Facebook oder Google+ gepostet, erfolgt die Diskussion ebenfalls auf diesen Plattformen. Was ja generell nicht schlecht oder falsch ist. Bitte nicht falsch verstehen. **Aber damit werden Artikel und Dialog auseinander gerissen**, was bei weitem nicht ideal ist. Zumal die entstehende Diskussion nicht mehr allen Nutzern zugänglich ist, sondern nur denjenigen die in den jeweiligen Netzen unterwegs sind. Im Artikel bringt dies der folgende Satz sehr schön zum Ausdruck.

Das Web sammelt Wissen und dokumentiert Menschheitskultur. Es ist für jeden zugänglich, der einen Internetanschluss hat.

Wenn dieses Wissen und diese Dokumentation jedoch immer mehr hinter verschlossenen Türen stattfindet, in Räumen, die von wenigen kontrolliert werden, die nur diejenigen eintreten lassen, die zunächst ihre Daten hinterlassen und ihre Rechte abgeben, dann wird das Web verkümmern. Es wird zu einem obskuren Nerd-Spielplatz werden oder ganz sterben.

Wie seht ihr das Thema? Dialog lieber auf der eigenen Seite/Blog oder auch gerne auf den Social Networking Plattformen?
Und natürlich sind Kommentare auf allen Kanälen herzlich willkommen :-)

Hier geht es zur Präsentation Corporate Blogs: Empfehlungen für Unternehmenvon AKOM360 GmbH auf Slideshare.

Arbeitswelten 4.0 - Wie wir morgen arbeiten und leben - Ältere Mitarbeiter und Work-Life Balance sind gefragt

Enterprise 2.0 könnte bald Geschichte sein - Denn morgen ist heute schon gestern
Das die ständige Weiterentwicklung von Enterprise 2.0-Lösungen und das Arbeiten in der vernetzten Welt von morgen nicht mit den heutigen Netzwerken aufhört, ist nichts Neues. Arbeitsumgebungen, Methoden und Tools ändern sich ständig. Was aber als nächstes kommen könnte, hat nun das Frauenhofer IAO mit seinem Projekt OFFICE21 in einem Video eindrucksvoll zusammen getragen.

Über 100 Experten wurden zum Szenario "**Arbeitswelten 4.0**" befragt. Das Zukunftsszenario beschreibt die **Arbeits- und Lebenswelt von Büro- und Wissensarbeitern** im Jahr 2025. Und wenn man ehrlich ist, wer ist heutzutage kein Wissensarbeiter. Viele wissen es nur noch nicht.

Das Video ist in jedem Fall informativ, spannend und wie ich finde empfehlenswert. Auch ist es spannend zu sehen, dass einige der Begebenheiten bereits existieren und wie deren Weiterentwicklung aussehen kann.
Die Reise hört bei Enterprise 2.0 nicht auf! Vielleicht heißt es dann nur anders.

Zum anderen finde ich auch den engen Zusammenschluss zwischen dem Arbeitnehmer als Menschen und seiner Umwelt sehr wichtig. Das Stichwort **Work-Life Balance** wird zukünftig eine **noch wichtigerer Rolle** einnehmen. Der zukünftige Weg wird sein, dass sich die Arbeit an den Menschen anpassen wird und nicht der Mensch an die Arbeit.

Die traurige und völlig falsche Annahme, dass ältere Arbeitnehmer nicht mehr in Unternehmen benötigt werden, wird mehr und mehr widerlegt. Das ist zwar beruhigend zu beobachten, bedingt aber auch die ständige Bereitschaft sich in der neuen Arbeitswelt zurecht zu finden. Respekt und Wertschätzung nehmen wieder an Bedeutung zu und hören nicht ab einem Alter abrupt auf. All das bedeutet für ältere Mitarbeiter aber auch, sich auf neue Tools und Methoden einzulassen. Das Wissensmanagement von heute sorgt dafür, dass eine solche Lücke nicht noch einmal hinterlassen wird. **Das Wissen und Knowhow verdienter Mitarbeiter verlässt nicht zusammen mit dem Mitarbeiter das Unternehmen. Es bleibt dem Unternehmen dauerhaft und nachhaltig erhalten**.

Es bleibt auf jeden Fall spannend!

Hier geht es zum Video "Arbeitswelten 4.0 " auf youtube.

Business practices that refuse to die - E-Mail trees

Totgesagte leben länger - Auch die E-Mail

Ob die E-Mail ausstirbt oder im Laufe der Zukunft durch Enterprise 2.0-Lösungen abgelöst wird, ist eines der aktuellsten Themen. Es gibt aber auch in dieser Frage, wie ich persönlich finde, kein Patentrezept. Aber Bemühungen wie sie aktuell bei VW ergriffen werden, bekämpfen eher die Auswirkungen als die Ursachen. Nimmt die Zahl der E-Mails einen ungeahnten Umfang an, liegt dies oftmals nicht an der E-Mail per se. Das Problem ist der nicht immer korrekte Umgang mit E-Mails und ein falsches Verständnis der internen Kommunikation.

Ein sehr schönes Beispiel und den Versuch einer Erklärung, warum Enterprise 2.0-Lösungen oftmals die bessere Lösung sind!

Hier geht es zum Video "Business practices that refuse to die" auf youtube.

Es werden die Auswirkungen und nicht die Ursachen bekämpft

In vielen Fällen, in denen man über eine Unmenge an einlaufenden E-Mail klagt, liegt das Problem in einer **nicht fachgerechten Handhabung des Tools E-Mail**. Würde der ein oder andere bewusster mit E-Mails umgehen und vor dem Schreiben und versenden einer E-Mail den Kopf zu Rate ziehen, würde sich die Anzahl der E-Mails vermutlich drastisch nach unten bewegen. **Die Mitarbeiter müssen den richtigen Umgang mit den Medien und den zur Verfügung stehenden Kommunikationskanälen lernen. Verbote bringen hier, wenn überhaupt, nur kurzfristigen Erfolg.**

Christian Müller beschreibt dies in seinem Blogpost VW und die E-Mails: Sinnloser Aktionismus statt Medien- und Informationskompetenz wie ich finde sehr anschaulich. **Der folgende Absatz trifft den Nagel so ziemlich auf den Kopf.**
Versteht mich nicht falsch, mir ist klar, dass in einem international agierenden Konzern wie VW immer reger E-Mail-Verkehr herrschen wird. Und im Gegensatz zu einigen meiner Kollegen bin ich kein Gegner der E-Mail. Im Gegenteil, ich schätze das Medium für die dadurch mögliche asynchrone Kommunikation, die für viele Themen optimal ist. Doch ein sinnvoller E-Mail-Einsatz ist nur möglich, wenn alle Parteien ihren gesunden Menschenverstand nutzen und mit Bedacht kommunizieren.

Eines möchte ich an dieser Stelle nochmals betonen. Ich bin kein 'Feind' der E-Mail. Aber ich bin ein großer Freund der kollaborativen Zusammenarbeit und ich bin auch davon überzeugt, dass dies in vielen Unternehmens-Bereichen die zukünftige Art der Zusammenarbeit sein wird.

Die E-Mail ist (in vielen Unternehmen) auch langfristig kaum zu ersetzen

Das auch weil rechtliche Fragen in die Überlegungen mit einbezogen werden müssen. Wie die Computerwoche aktuell unter der Überschrift Ganz ohne E-Mails? - Das Gesetz sagt Nein berichtet, ist der Gesetzes-Konforme Verzicht auf E-Mail in der Tat ein Problem. Wie handhabt man die Speicherung und die vom Gesetz vorgeschriebene Aufbewahrungspflicht?

Der rechtliche Aspekt ist vermutlich einer der kommenden Punkte, mit den man sich im Bereich Enterprise 2.0-Lösungen in Zukunft mehr mit beschäftigen muss.

Social Business Collaboration - Was passiert nach der Einführung?

Ich habe Enterprise 2.0 eingeführt. Was nun?

Die Motivation ist hier einer der entscheidenden Punkte. Wer kennt es nicht, dass Gefühl Anerkennung für etwas zu bekommen. Lob für etwas zu bekommen und das Gefühl der Wertschätzung vermittelt zu bekommen. Ich weiß es klingt ein wenig 'schmalzig', trifft aber denke ich den Punkt. Denn genau dann ist jeder motiviert. Egal ob Kind, Chef oder Mitarbeiter.

Hintergründe frühzeitig kommunizieren

In einem sehr persönlich rüber gebrachten Statement erläutert Siegfried Lautenbacher, warum für ihn nur **Sinn Motivation stiftet**. Macht etwas offensichtlich Sinn, sind Menschen (tendenziell) motivierter sich aktiv an **Enterprise Social Networks** zu beteiligen.

Und genau darum geht es bei Themen wie Social Business, Enterprise 2.0 und Social Media. Das sich Menschen einbringen, miteinander Kommunizieren und in den Dialog treten. Egal ob sie das als Privatperson tun, oder im Namens ihres Arbeitgebers.

Wird aber der Sinn und Zweck der Bemühungen nicht hinreichend kommuniziert, geht die Motivation und schliesslich auch die Aktivität nach kurzer Zeit verloren.

Daher an dieser Stelle 2 Bitten.

- **Kommunizieren sie Vorhaben und Pläne frühzeitig und offen!**
- **Motivieren und Loben sie ihre Mitarbeiter! Und dies auch ohne jeglichen Zusammenhang mit Enterprise 2.0! Lob und Anerkennung tun immer gut!**

Hier geht es zum Video "Social Business Collaboration" auf vimeo.com.

Wir werden die E-Mail abschaffen - Atos will seinen Plan durchsetzen

Steht die E-Mail durch Enterprise 2.0 und Social Media vor dem Aus?

Bei der Einführung von Enterprise 2.0-Lösungen, steht ein Argument immer ganz oben auf der (Wunsch-) Liste. Die Eindämmung der E-Mail-Flut. Bei vielen Unternehmen dürfte dies derzeit noch ein frommer Wunsch sein. Der französische IT-Dienstleister Atos hingegen macht Nägel mit Köpfen. Das ehrgeizige Ziel lautet, die intere Kommunikation via E-Mail im Laufe des Jahres 2013 so weit wie möglich einzustellen. Der Konzern kommuniziert das Vorhaben sehr offen und transparent auf der eigenen Webseite unter dem Slogan "Zero E-Mail".

E-Mail abschaffen? Geht das überhaupt?

Weder kurz- noch langfristig wird man die E-Mail komplett durch Enterprise 2.0-Lösungen ablösen können. Auch die E-Mail hat ihre Daseinsberechtigung. Es fällt zwar dieser Tage schwer das zu verstehen, in denen der Fokus immer stärker in Richtung Social Web geht.

Rein aus Rechts- und Mentalitäts-Gründen, wird es hier vermutlich keine schnelle Lösung geben. Erst Recht nicht, wenn man mit externen Kunden oder Zulieferern kommunizieren muss. Hier wird man auch in Zukunft auf die gute alte E-Mail zurückgreifen. In solchen Fällen mag es zwar modernere Lösungen wie Communities geben, diese werden aber bedingt durch jahrelang auf- und ausgebaute Prozesse nicht als Alternative wahr genommen.

Aber in der Tat denke ich, dass man die Flut an E-Mails auf 2 Wegen eindämmen kann.

Änderung im Umgang mit E-Mails

Es sollte ein anderes Verständnis im Umgang mit dem 'Kanal' E-Mail etabliert werden. Es sollte hinterfragt werden, ob alle E-Mails wirklich sein müssen. Sind die Vorgaben 24x7 erreichbar zu sein und eine qualitativ hohe Antwort zu erwarten realistisch? Die Work-Life Balance wird nicht zwingend durch die firmenseitige Abschaltung des Servers wieder hergestellt. Es bedarf in erster Linie einer entsprechenden persönlichen Einstellung. Sollte die Einstellung nicht stimmen, nutzen auch Verbote und Vorgaben nichts. Die können dann in den meisten Fällen umgangen werden.

Stefan Pfeiffer, Marketing Lead Social Business für Europa bei der IBM, Journalist, Schreiberling aus Passion, beschreibt es in seinem Blog mit E-Mail-Verbot für bessere Work-Life-Balance?. Einfach mal abschalten. Sowohl den inneren Schweinehund, als auch das Smartphone, Tablet oder Laptop. Nicht bei jeder E-Mail sämtliche Personen auf Kopie nehmen. Der Faktor der Ablenkung durch E-Mails kommt ja erst dann zu tragen, wenn eine E-Mail eigentlich gar nicht für die Person gedacht ist. Die E-Mail lenkt diese Person in den meisten Fällen, alleine durch die Zeit des Lesens, von der eigentlichen Arbeit ab. Schickt man eine E-Mail an mehrere Leute vervielfacht sich dieser Effekt entsprechend und man kann erahnen welch ein potentieller Schaden einem Unternehmen hieraus entstehen kann.

Einführung von neuen Technologien

Aktuell berichtet die Welt darüber, dass deutsche Firmen Alternativen zur E-Mail entdecken. Wie gesagt. Sie entdecken sie. Nicht sie wollen oder sie werden sie nutzen. Und gerade der Punkt, dass deutsche Firmen Alternativen finden, macht einen für die Umsetzung nicht gerade optimistischer.

Trotz alle dem wird die E-Mail die interne, vielleicht in manchen Fällen auch die externe, Kommunikation maßgeblich verändern. Eine Aussage ob dies in Kürze oder erst in einigen Jahren der Fall sein wird, wäre aktuell lediglich Spekulation. Dabei ist es auch egal, ob Unternehmen, Forschern oder Entscheidern dies heute bereits wahr haben wollen. Es wird so kommen. Früher oder später.

Social Media in Unternehmen - Chancen und Risiken neuer Kommunikationsformen

Social Media - Was es ist und was es nicht ist

Social Media findet nicht nur extern in den sozialen Netzwerken statt. Ganz im Gegenteil. Wie im Beitrag Social Media – Ohne Innen, kein Außen beschrieben, sollte Social Media zuerst intern beginnen. In diesem Falle spricht man von Enterprise 2.0. Was kann man sich als nicht-Experte aber unter beiden Begriffen vorstellen? Wo sind die Parallelen und wie hängen die externen mit den internen Aktivitäten in Verbindung?

Jörn Hendrik Ast, damals noch von der **Enterprise 2.0-Agentur doubleYUU**, zeigt in seinen Slides die **Chancen und die Risiken neuer Kommunikationsformen** auf. Wobei ich noch immer der Meinung bin, dass die Vorteile klar überwiegen. Sowohl bei der internen als auch bei der externen Nutzung von Social Media.
Ich möchte an dieser Stelle auf die für mich wichtigsten Punkte eingehen.

- **Was Social Media nicht ist! - Nicht nur Technologie, sondern Online Services**. Social Media ist nicht primär eine Frage der IT. SIch für Social Media zu entscheiden ist vielmehr eine prinzipielle und strategische Entscheidung, die sich bietenden Möglichkeiten aktiv zu nutzen. Mit zu spielen und nicht anderen "kampflos" die Meinung über sein Unternehmen bilden zu lassen. Welche Social Media Plattformen mm Ende genutzt werden, steht auf einem anderen Blatt. Social Media bedeutet ebenfalls nicht die Aufgabe der eigenen Webseite! Es ist gar nicht lange her, da gingen viele Meinungen hin zur Abschaffung der eigenen Webseite. Man könne dies ebenso gut auf einer der Social Media Plattformen realisieren. Schon damals war ich, wie sich heute heraus stellt zu Recht, anderer Meinung. Die eigene Webseite sollte den Mittelpunkt sämtlicher Online-Aktivitäten darstellen. Sinnvoll mit anderen Social Media Networks wie zum Beispiel Facebook, Twitter oder Google+, ist man auf seiner eigenen Webseite sein eigener Herr. Man kennt und verantwortet die IT-Infrastruktur und ist nicht von Dritten abhängig.

- **Die Vorurteile! - Nicht nur Nerds und Geeks nutzen Social Media!** Es halten sich hartnäckig Gerüchte, dass Social Media nur "Freaks" und "Nerds " genutzt wird. Diese Zeiten sind aber definitiv vorbei.Die Nutzung von Social Networks geht durch alle Generationen und Altersgruppen. Letztlich hat der Durchbruch von Geräten wie dem iPhone oder dem iPad für die flächendeckende Erreichbarkeit und Nutzung gesorgt. Viele Nutzen Onlinedienste wir Facebook Messenger oder WhatsApp öfter als das sie eine SMS verschicken. Es ist heutzutage einfach oftmals günstiger und schneller eine Instant Nachricht zu schicken.

- **Was Social Media ist! Interaktion, Live und Echt!** Social Media bedeutet Interaktion, Dialog und Austausch. Wer das schon nicht möchte und nicht realisieren kann, sollte entweder mit dem EInstieg ins Social Web warten und zuerst die internen Voraussetzungen schaffen oder ganz behutsam den Einstieg wagen.

Hier geht es zur Präsentation "Social Media in Unternehmen - Chancen und Risiken neuer Kommunikationsformen" von Jörn Hendrik Ast auf Slideshare.

Social Media Informationen filtern und sie im Kontext richtig anwenden - Das Arbeiten von heute

Informations-Flut durch Social Media

Die Übermacht der zur Verfügung stehenden Informationen ist nicht nur auf CEO-Ebene ein oft aufkommendes Thema. In einem der letzten Beiträgen des IBM Blue Blogs, berichtet Stefan Pfeiffer über seine Erfahrungen im Umgang mit der Vielzahl an Quellen und Möglichkeiten die News anschliessend wieder zu teilen. Egal ob intern oder extern. Weder kann, noch muss man alles lesen. Fazit: Die Fähigkeit, die Flut an Informationen für sich sinnvoll zu filtern und im Kontext anwenden zu können, ist eine der wichtigsten (sozialen) Kompetenzen der Zukunft.

Egal ob im privaten oder im Beruflichen Umfeld. Soziale Netzwerke wie Facebook, Twitter und Google+ greifen immer mehr in den Alltag vieler Menschen ein. Auch bei jenen, die dies bis vor Kurzem nicht für möglich gehalten haben. Privat kommunizieren viele heutzutage mehr über Facebook als via SMS. Im beruflichen Umfeld muss man zwangsläufig schauen, wo sich die eigene Zielgruppe bewegt. Ist meine Zielgruppe hauptsächlich bei Facebook vertreten, sollte ich mir Gedanken über eine eigene Facebook Fanpage machen. Machen Kanäle wie Twitter oder Google+ ebenfalls Sinn? Kann ich auf meiner Webseite Funktionen wie Sharing und Kommentare abbilden? Macht es Sinn einen Blog einzurichten?

Wie man an diesen Fragen bereits erkennen kann, ist die Entscheidung für Social Media im beruflichen Umfeld nicht so einfach zu fällen. Ist aber eine fundierte Entscheidung, inklusive der notwendigen Management-Unterstützung und Festlegung der grundsätzlichen Aspekte in einer **Social Media Strategie** gefallen, steht dem Erfolg im Social Web nicht mehr viel im Weg.

Social Media Monitoring

Aber neben der eigenen Aktivität auf den Social Media Plattformen, ist das **Monitoring** ein ebenso wichtiger Teil der eigenen Strategie für die Social Media Aktivitäten. Man muss wissen, was über einen geredet wird. Intern spricht man hierbei von **Activity Streams**, welche in vielen Unternehmen die klassische Inbox der E-Mail zukünftig ablösen werden. Ähnlich wie bei Facebook oder Google+, bekommt man Updates in einem Stream angezeigt. Die totale Ablösung der E-Mail (vermutlich mit wenigen Ausnahmen) wird zwar noch einige Zeit dauern, wird aber genauso wie Social Media nicht mehr aufzuhalten sein.

Wie im Beitrag Ständige E-Mails verursachen Stress – Das fanden nun Wissenschaftler der University of California heraus erwähnt, sind E-Mails besonders im Projekt-Umfeld nicht die optimale Art der Kommunikation. Gerade Projekt-Teams arbeiten im transparenten und offenen Gruppen meist effektiver und schneller, als würden sie vie E-Mail miteinander kommunizieren. Hier gilt es, genauso wie im externen Umfeld, die anfallenden Informationen zu filtern und für sich die relevanten heraus zu filtern.

Was sich aber extern im Netz tut, kann man über kostenpflichtige oder kostenlose Tools herausfinden. Eine **aktuelle Übersicht kostenloser Monitoring-Anwendungen**, liefert Tim Krischak in seinem Beitrag **Kostenlose Social Media Monitoring-Tools**. Wie wird über mich als Unternehmen im Web gesprochen? Was bewegt die Leute? Was bewegt meine Kunden und Fans? Wie kann ich Kunden auch zu Fans machen? Welche Informationen gibt es über mich im Web und wie greife ich diese wieder auf?

Man kommt ohne entsprechendes Monitoring weder zum erhofften Erfolg im Social Web, noch bekommt man mehr Informationen zum Ansehen des Unternehmens. Die Monitoring-Aktivitäten stellen somit einen der essentiellen Erfolgsfaktoren dar.

Social Media Revolution 2012

Die Entwicklungen vom Social Media sind nicht aufzuhalten. Die Zahlen dazu sind immer wieder unglaublich. Sie zeigen aber das enorme Potential auf, sollte man sich aktiv und offen mit den Themen beschäftigen.

Hier geht es zum Video "Social Media Revolution 2012" auf youtube.

ConventionCamp 2012 in Hannover - Keynote von Julian Assange

Interdisziplinär. Offen. Innovativ. - So soll es (wieder) werden - Das ConventionCamp 2012

Morgen findet zum wiederholten Male die interaktive (Un)Konferenz zur digitalen Zukunft, das ConventionCamp, in Hannover statt. Im Laufe des Tages werden die bereits geplanten festen Sessions durch zahlreiche Freie Sessions erweitert. Diese welchen in bester Barcamp-Manier kurz vor Beginn des Camps beschlossen.
Einer der Höhepunkte auf der Agenda des Conventionscamps dürfte die Opening Session mit der Keynote von Julian Assange sein.

In seiner Keynote, welche Bestandteil der Opening Session mit Ingo Stoll sein wird, stellt Assange sich den Fragen von Richard Gutjahr (Bayrischer Rundfunk), der wiederum von ZEIT ONLINE zum Netzjournalisten des Jahres 2011 gekürt wurde.

Kernthemen des ConventionsCamps

- Beta Culture
  - Unter dem Begriff Beta Culture laufen Begriffe wie **Enterprise 2.0**, **Co-Working** oder **DIY**. Neue modernere Unternehmens- und Kommunikationskonzepte entstehen und finden nach und nach immer mehr in den Unternehmensalltag. Wo stehen wir mit der Integration dieser Konzepte und an welchen Stellen klemmt es noch? Warum klemmt es?
- SoLoMo Insights
  - Social Local Mobile – Es gibt nach wie vor kein Erfolgsrezept für den Marketing Sektor, aus den unzähligen Quellen die richtigen Rückschlüsse zu ziehen. Daher interessieren Insights anderer Unternehmen und das Teilen von Erfahrungen anderer besonders.

Begriffe die in diesem Zusammenhang näher beleuchtet werden sind u.a. **Mobile Commerce**, **Monitoring**, **SocialSearch**, **Future Payment**, **HR 2.0** und **Social Media Marketing**.

- Meta Change
  - Hier werden Themen wie **Visionen**, **Megatrends** und generelle, auch internationale aktuelle, Themen im Kontext näher beleuchtet.
- Smart Life
  - Alles um uns herum wird smarter. **smarter TV**, **smarter Commerce** und **smarter City**. Man könnte die Liste womöglich endlos erweitern. Aber was bedeutet das für uns? Werden wir auch smarter um uns in einer smarten Umwelt zurecht zu finden? Themen wie **eHealth** und **Web of Things** (das Internet der Dinge) werden in diesen Sessions besprochen werden.

- Fernsehen der Zukunft
  - Wie sieht die Zukunft des Fernsehens aus? Wird es Fernsehen so wie wir es kenne in ein paar Jahren noch geben? Alternative Konzepte, wie etwa **SocialTV** und **SelfBroadcasting**, werden in diesen Sessions diskutiert. Diese Themen sind nicht zuletzt seit Google+ On Air ein echtes Hype-Thema.

Webciety World Café

Nicht zu vergessen das **Webciety World Café**, welches im Rahmen der Beta Culture Sessions stattfinden wird. Hier wird sich mit der Frage **"Was ist die Zukunft der digitalen Arbeitsorganisation?"** beschäftigt.

Für mich als "Enterprise 2.0-Menschen" natürlich eine der spannenden Sessions :-) Gegenstand der Session ist ein interaktiver Workshop zur Diskussion der Entwicklungen für die digitale Arbeitsorganisation. Wie müssen sich kleine und große Unternehmen in Zukunft organisieren? Was sind die Herausforderungen einer digital erweiterten Arbeitsumgebung? Wie müssen sich Führung und Kultur verändern? Diese und weitere Fragen sollen im Rahmen von verschiedenen Thementischen mit den Teilnehmern diskutiert werden.

Ziel des Workshops ist es die Grundlagen für ein Thesenpapier zu erstellen, welches bis zur CeBIT Webciety 2013 "kollaborativ" finalisiert werden soll. (Quelle: ComventionCamp.de)

Wer nicht live beim ConventionsCamp dabei sein kann, bekommt via Twitter und dem Hashtag #cch12 alles wichtige mit.

Hier geht es zum Video "Das ConventionCamp in 180 Sekunden" auf youtube.

Von Social Media zu Social Business - Vortrag Stefan Pfeiffer (@digitalnaiv) beim Genobarcamp 2012

Das 'Mehr an Informationen' filtern und im Kontext richtig anwenden

Stefan liefert mit seinen Folien für das Genobarcamp 2012 wieder einmal viele viele gute, für einige Menschen auch neue, Ideen und Ansätze zum Thema Social Media. Dabei beschränkt sich Stefan nicht auf die, oftmals über-strapazierte, externe Nutzung von Social Media.

Er geht vielmehr auf die Frage ein "Wie wird aus Enterprise 2.0 ein Social Business".

Wie auch schon im Beitrag Social Media – Ohne Innen, kein Außen erläutert, baut ein authentischer externer Social Media Auftritt auf einen internen auf. Dabei geht es primär nicht um die Technik, sondern um den Mindchange der Mitarbeiter.

Ein Punkt der sich am Ende oftmals als wesentlich schwieriger darstellt, als die technische Bereitstellung der Plattform(en). Es geht um die interne Nutzung von neuen Methoden und Tools, welche aus dem privaten Umfeld (Facebook, Twitter etc.) vielen bestens bekannt sind. Oftmals ist schlicht und einfach nicht bekannt, dass solche Tools ebenfalls für den internen Geschäftsalltag existieren. Hier ist in erster Linie Aufbau- und Informationsaufwand zu betreiben.

Enterprise 2.0 als ersten Schritt

Schafft man es seine Mitarbeiter zu der aktiven Nutzung zu begeistern, ist man auf einem gutem Wege ein Enterprise 2.0 'zu werden'.

Neue Prozesse werden praxisorientiert angepasst und geändert, von den Mitarbeitern genutzt und als sinnvolle Erweiterung angesehen. Man hat die Zwischenstation auf dem Weg zum Social Business erreicht.

Das Hamburger Abendblatt veröffentlichte erst vor einigen Tagen den Beitrag "Veränderungen in der Arbeitswelt" – Wissen teilen hilft allen Beteiligten". Hierbei geht man sehr schön auf die Zusammenhänge der in immer wieder genannten Buzzwords wie Enterprise 2.0, Social Media und Social Business ein. Aber wie gesagt hat man damit lediglich die, nicht minder wichtige und auch notwendige, Zwischenstation erreicht.

Vom Enterprise 2.0 zum Social Business - Der finale Schritt

Erfolgreich ist man, wenn man nun noch die Verknüpfung der neuen Tools und Methoden mit Prozessen, Zulieferern und Partnern herstellen kann. Die traditionellen Rollen der Kunden, Mitarbeiter und Geschäftspartner ändern sich dramatisch und verschmelzen zusehends. Interne und externe Netzwerke werden miteinander verbunden.

Wie ich finde eine wirklich gelungene Zusammenfassung.

Was ist Eure Meinung?

Hier geht es zur Präsentation "Von Social Media zum Social Business - Vortrag beim Genobarcamp 2012" von Stefan Pfeiffer auf Slideshare.

yes
i want morebooks!

Buy your books fast and straightforward online - at one of world's fastest growing online book stores! Environmentally sound due to Print-on-Demand technologies.

Buy your books online at

www.get-morebooks.com

Kaufen Sie Ihre Bücher schnell und unkompliziert online – auf einer der am schnellsten wachsenden Buchhandelsplattformen weltweit! Dank Print-On-Demand umwelt- und ressourcenschonend produziert.

Bücher schneller online kaufen

www.morebooks.de

VDM Verlagsservicegesellschaft mbH
Heinrich-Böcking-Str. 6-8
D - 66121 Saarbrücken
Telefon: +49 681 3720 174
Telefax: +49 681 3720 1749
info@vdm-vsg.de
www.vdm-vsg.de

Printed by Books on Demand GmbH, Norderstedt / Germany